我在非洲忘了時間

盧旺達鄉村生活日誌

朱芷均 Lafelle 著

非凡出版

推薦序

我與 Lafelle 認識的時間不算長，對她的印象是，除了我們都有一顆「異國心」之外，我覺得她是一個特別「型」的女生。自己一個人離開香港這個 comfort zone，明明在這裏有方便的生活、可以品嚐到世界各地美食、衛生情況良好，為甚麼會走到去一個環境完全相反的地方呢？究竟是甚麼驅使她到地球的另一端居住下來？

我曾經問 Lafelle，為甚麼她要去非洲、去盧旺達。她告訴我，「I belong to the world」。與其說是香港人、中國人、非洲人，她說更覺得自己是地球人。作為一個想為世界做些有意義事情的人，哪裏用得着她，她便到哪裏去。她說香港有才華的人很多，少她一個不少，但希望到非洲能夠做出更有意義的貢獻。

這段說話讓我思考了一整天，心裏想，Lafelle 前世是非洲人嗎？還是說她小時候看過 *Out of Africa* 或者 *National Geographic* 那些紀錄片，所以有顆非洲心？又或者說，

也許她只是個選擇聆聽自己直覺、隨心而行的女孩？

去年我的慈善機構「善遊」邀請了 Lafelle 來跟大家分享她在盧旺達生活和工作的點滴。那時候我有幸聽到她的盧旺達故事，但聽完後，我到現在仍然有疑問，究竟盧旺達為何能夠在那幾年時間成為了她的家？現在我得到解答了，《我在非洲忘了時間》解釋了 Lafelle 的心路歷程，也把盧旺達在旅遊書以外的一面呈現在讀者眼前。這本書讓我更了解到這位朋友的人生路的選擇，也希望她能夠啟發讀者像她一樣更加放膽去探索世界。

洪永城

自序

當去非洲不再是為了旅行，不再是看獅子大象，生活應該怎樣過？

當去發展中國家不是做義工，而是從事一份全職工作，這樣的打工仔生涯又會如何？

我和大部分人一樣，從小對非洲的認識只限於電視上所見到的：只知道宣明會助養的非洲兒童很貧窮，只知道非洲有飢荒和戰亂，只知道去非洲很危險。對於非洲的盧旺達這個小國，我所知道的更只限於二十七年前的種族大屠殺。

選擇到盧旺達工作，既可以為世界做一點有意義的事，也能滿足我想要在不同地方旅居的夢想。在盧旺達生活兩年半之久，讓我深入體會到她鮮為人知、一般的旅行團或背包客未必有機會體驗到的一面。盧旺達人因為大屠殺歷史，長時間生活在恐懼中，任何事都以社會秩序及和平穩定為先。我這個走進盧旺達居住下來的外國人，從這表面上的安穩而得益，過着輕鬆無憂的生活。由於他們互相之間的不信任，讓大部分人不隨便跟左鄰右里溝通，是個很安靜少話的民族，剛好適合我這種內向性格的人。大屠殺在盧旺達人身上造成的傷口雖然已經止了血，但傷疤仍然在隱隱作痛，內心有多難受，外人們不得而知。這個已經從內戰陰影走出來，成為了非洲大陸中經濟發展得最快之一的國家，在繁榮背後隱藏着甚麼故事？

另外，也有很多人對非洲這處土地產生不少迷思、誤解：長住在盧旺達危險嗎？有熱水洗澡、有電力嗎？妳不怕曬黑嗎？日常用品能買得到嗎？還是要從香港帶過去？自己一個女生真的安全嗎？在那邊社交生活如何？這些問題不如讓我在此書一一為你解答，揭開盧旺達在遊客及在媒體以外的一面。

朱芷均（Lafelle）

目錄

Chapter 4

我的盧旺達日常

Chapter 5

在盧旺達以外

CHAPTER 1

盧旺達，你好

認識越多，越知道自己認識不多，只要抱着一顆謙虛和好奇的心繼續去探索就足夠了。

#01

東非初體驗

我對非洲的第一次認識，是有關於烏干達，而非盧旺達。

話說當年在美國修讀兩年的碩士學位，在暑假期間跟學校的安排到東非實習。其實當時的實習計劃於全球有七個國家供選擇，一向都想嘗試在發展中國家旅居的我則對非洲特別感興趣。當時有烏干達和南非可供選擇，我對南非的印象就是——它雖然發展得不錯，但治安卻差，所以對我吸引力不大。

不過，對於非洲毫無認識的我，真的要選擇烏干達嗎？自己其實也掙扎了很久，上網查閱了許多關於烏干達的資料，包括經濟發展、罪案率等等。即使下定了決心要去烏干達闖一個暑假，出發前一晚居然害怕到哭起來了。當時的男友也被我嚇怕了，一方面在旁邊安慰我，另一方面他應該在懊惱：「我怎麼會放心讓女朋友自己一個去非洲呢？」

抵達烏干達的時候是黃昏，幸好學校的安排全面，有他們認識的司機接送，否則一個女生在夜間要搭的士到市區還是有點可怕。現在對非洲多了点認識，我常提醒自己避免對它定型，但當時對烏干達的第一印象，的確覺得它不太安全。在機場過海關時，已經有心理準備可能會被留難或需要賄賂當地人才能過關，幸好用不着這一招，但後來在烏干達的確有經歷過與貪污賄賂有關的事。

由機場出市區的馬路上，人多車多，有一部分的路程是泥地，道路兩旁盡是垃圾，完全符合了一般人覺得「非洲很混亂」的印象。這種混亂讓我一開始不敢自己一個人出外，不過當熟悉形勢之後就脫離大隊，經常獨自出去或者跟非洲的朋友去探索了。

這個暑假我在烏干達有過一次可怕的經歷。我們一行十二人都住在同一幢住宅大廈內，一大班外籍人士住在一起難免惹人注目，比較容易成為盜賊覬覦的目標。我們一連兩個星期六被入屋爆竊，這一團人一共被偷了好幾部手提電腦、電話、相機等等，更有一位朋友在半夜被聲音吵醒了，目擊着賊人逃離單位，被嚇得失魂落魄，我們其他同學也極為擔心。我則慶幸自己沒有遭受任何財物損失，因為向來防盜意識很強，臨睡前會把所有東西都關進睡房內，鎖門睡覺，窗邊也會放置一些物件，這樣當賊人從窗口爬入的話會把物件撞跌而發出聲響，希望這樣能夠讓賊人知難而退。

聽過不同人的非洲故事後，現在的我覺得在貧窮國家遭受財物之災幾乎是無可避免的事。也許這個看法很傻，但人身安全才是最重要，我真正體會了所謂「破財擋災」的意思。經過了在烏干達實習的暑假，我既想回到東非工作和居住，但又有點擔心再次遇上盜賊入屋，該如何走出人生的下一步？

在烏干達工作的記錄。

#02 盧旺達，不是有內戰嗎？

最後我選擇了去盧旺達工作，也因此常被人以為像個戰地記者般勇敢走上前線。當世界對盧旺達印象仍停留在種族大屠殺那年代，盧旺達已經是個在過往二十七年來於非洲大陸上發展得最快的國家之一，現在更有「非洲新加坡」之稱。

在這個國家住上兩年半後，仍然不能完全理解（相信永遠也不能理解）要放下如此沉重的仇恨是甚麼感覺。表面上不再對過去執着，卻要跟可能親手屠殺過你父母、祖父母、親戚的人一起上學、工作，盧旺達人內心的傷痊癒了嗎？

我跟本地人溝通要盡量避免用「大屠殺」這個詞語，只能說「那些年的事」或「一九九四年的事」。我們也不能提及「蟑螂」，除非真的是指蟑螂，因為這字是當年用來代表受害一族的貶義詞。

那些年的事

有關盧旺達的種族大屠殺，讀書時學校沒有教過，我以前連電影《盧旺達大酒店》也從未聽說過，只是對大屠殺有概念，但對仔細內容毫無認識。

很慚愧地，我也是認真考慮要去盧旺達之後才更加深入認識這件事。在一九九四年——一個我在香港過着幸福童年的年份——遠在非洲東面的這個小國卻經歷着歷史上其中一個最血腥的屠殺事件。盧旺達的胡圖族人（Hutu），在僅僅一百天的時間內屠殺了超過一百萬名圖西族人（Tutsi）。據資料記載，最初盧旺達的人口比例，九成是胡圖族，一成是圖西族。以往的統治階級都是圖西族人：十五世紀，盧旺達由圖西族國王統治，胡圖族遭受迫害；一九六二年，盧旺達獨立，佔人口比例多數的胡圖族叛變，想驅走圖西族的統治菁英；而胡圖族掌權時，種族情勢依然緊張。一九九四年四月六日，胡圖族總統朱韋納爾・哈比雅利馬納（Juvenal Habyarimana）乘坐的飛機在機場附近遭擊落，隨即令局勢爆發，兩族人互相屠殺。由於聯合國沒有適時介入，甚至對屠殺毫不關心，最終導致這場悲劇發生。

種族屠殺本身就是可怕又可悲的事情，但讓我特別震撼的有以下兩點：首先，其實盧旺達這兩個種族在歐洲的殖民統治之前，根本一直相安無事。我不敢說他們在民族分歧上完全沒有爭執，但在我盧旺達朋友眼中看來，大屠殺這麼嚴重的紛爭都是由比利時殖民者導致的。這兩個民族本來就屬於同一個民族，即使在外型或者面部特徵上有少許不同，但不至於能夠被定義為兩個民族，就正如港島人和沙田人都是香港人一樣。

如果不是殖民者要刻意將胡圖族和圖西族人區分開來，如果不是他們刻意要把種族這一欄填在身份證上，如果不是他們為了透過種族和社會階層分類來操控殖民地，也許這次種族大屠殺不會發生。

另外，國際社會和聯合國等在大屠殺期間幾乎袖手旁觀，對這件事的冷漠態度與西方國家平時參與世界各地的人權問題時的積極程度大有分別。雖說強大的西方國家在其他落後國家介入當地衝突，會造成侵略之嫌，但在盧旺達如此嚴重的種族滅絕事件中，國際間的反應卻是如此冷淡，難怪許多人都認為國際社會沒有在這件事上履行對基本人權的保護責任。

帶着對盧旺達這些僅有的認識，來到了今天這個已經改頭換面的東非小國，不知道我之後會有怎樣的經歷，會看到一個怎樣的盧旺達？

盧旺達第一印象

我第一次去盧旺達是以遊客的身份前往的，但當時已經在查看盧旺達的工作機會，所以也本着一個實地考察的心態去看看這個國家是否適合居住。一到達盧旺達後，便發覺這裏與烏干達以及我去過的其他東非國家大不同。

一到埗，盧旺達首都基加利（Kigali）機場已經給我不錯的印象。雖然面積非常細小，但比起我之前見過的幾個非洲國家的機場，這個機場看來整潔得多。過關程序亦非常快捷，海關人員問了幾個簡單的問題後便能通行，整個過程連排隊時間也不過十分鐘左右。不少來過非洲的人都曾被海關留難過，不少是因為對方透過威逼利誘，想遊客放下一筆賄款才放行入境。

一步出機場大堂，來接機的「朋友」已經在等着我。Ashley 是我在美國讀碩士那所

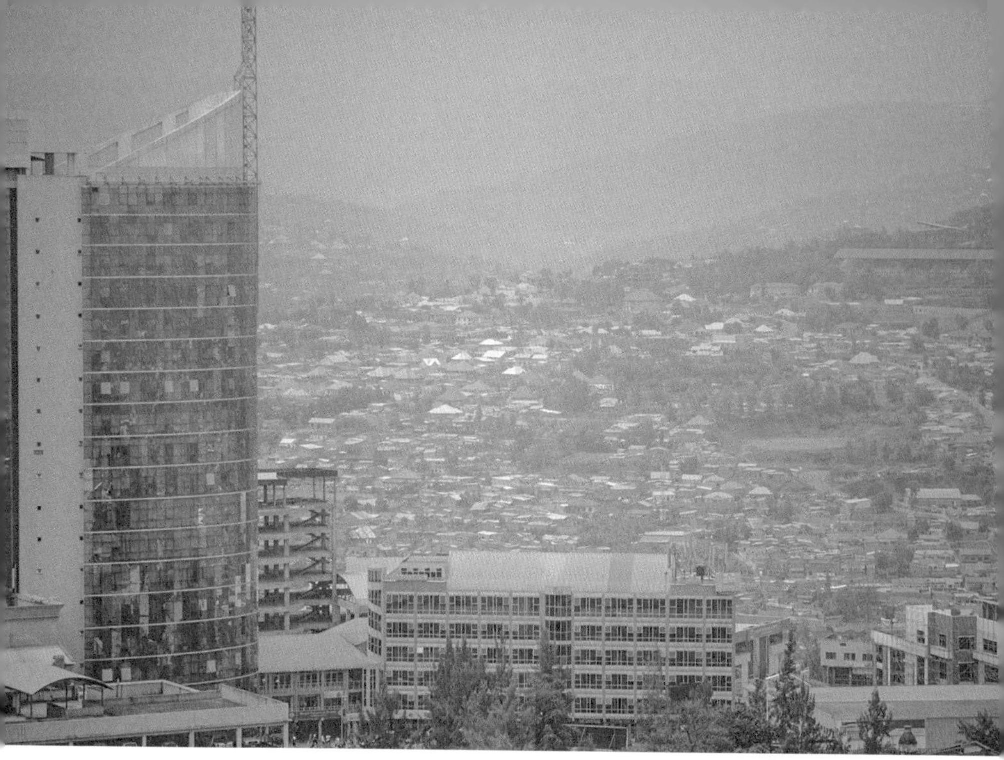

首都城市基加利，高樓大廈與背後貧民窟的對比。

大學的師姐，有一次在她當講者的講座上見過面，只算泛泛之交。Ashley在美國畢業後找到了一份在盧旺達的工作，於當地的一間社會企業幫助盧旺達的咖啡農民以合理的價錢把咖啡售賣到當地以及海外，有點像公平貿易的原理。我因為已經看中了盧旺達的一個類似的工作機會，便向師姐取經，友善的她更主動當我在盧旺達這幾天旅行的東道主。

Ashley駕着她的私家車載我由機場到達市中心，路程只不過是十多分鐘，基加利就是這麼小的一個城市。那時候剛入夜，看到萬家燈火的景象，我問Ashley，這個城市真的有這麼漂亮嗎？抑或只是因為世上所有城市都在漆黑的晚上亮起燈是特別漂亮？

媽媽來盧旺達探望我，我們在首都基加利我最喜歡的屋頂咖啡室。

好朋友來探望我，也去了同一間屋頂咖啡室欣賞基加利的夜景。

基加利最高級的商場 Kigali Heights 以及右手邊會議中心的夜景。

「哈哈，明天早上醒來你便知道，盧旺達真的是一個很漂亮的國家，與你想像中的非洲是不同的！」

首次踏足盧旺達的短短幾天，我沒有急着要完成別人「十大旅遊清單」這種任務，反而是慢慢地探索基加利最簡單和日常的一面：我到圖書館去參觀，到不同的餐廳用膳，到商場去看看有甚麼商鋪，甚至去一間美容院做了按摩。這幾天刻意「融入當地生活」，發覺如果我在這裏住下來的話，應該會享受這裏的生活。

後來在工作面試的過程中更加深入認識到我想進入的那家公司，亦很喜歡該職位，所以一獲取錄後，想也不多想便接受了這份工作。至於後來在盧旺達所經歷的一切，便成為現在呈現在讀者面前的這本書了。

Kigali Heights 商場面積很小，雖然乾淨企理但完全不是香港商場的樣子，經常都非常冷清。這裏還有盧旺達的第一間 Bossini，在非洲可是高級品牌呢！

#03——你為何沒有曬黑

「你從非洲回來的話，為何沒曬黑？」這是身邊的朋友們對於我在非洲工作的頭五大問題之一。

非洲大陸面積龐大，相等於中國加美國、印度，再加上無數個國家的共同面積。這個大陸上也有各種不同的自然生態和地理環境，而大部分人印象中的非洲沙漠只是其中一種生態。譬如南非這個位於非洲大陸最南面的國家，冬天時我也冷得要穿羽絨。即使座落於赤道附近的國家坦桑尼亞，也有一座山頂鋪滿白雪的高峰吉力馬札羅山（Mount Kilimanjaro）。

在我所居住的國家盧旺達，剛好在赤道的南面，所以一整年的溫度變化不大。但由於這個國家山巒起伏，平均高度有海拔一千多米，所以氣溫不如一般人想像中的非洲那麼炎熱。亦因為整個國家的山丘很多，所以有「千丘之國」之稱，除了在盧旺達東部貼近烏干達和坦桑尼亞的邊境外，國內很難找到一大片平地。

在山區與農民做訪問。他們都習慣了高海拔的天氣，一身短袖裝束，似乎就只有我覺得冷，圍上厚厚的頸巾。

有時候本地同事和農民也跟我一樣穿得厚厚的。

由於盧旺達位於赤道，嚴格來說這裏並沒有春夏秋冬四季，但有雨季和旱季之分。這裏下雨的時間不多，但幾乎每次都是滂沱大雨，完全沒有微雨。下大雨時通常伴隨着風暴而來，可算是真正的橫風橫雨。所以雨季對我們來說可以算是冬天吧，如果身在高地的話更要穿上好幾層衣服，我從香港帶來的一件冬天大褸也曾經大派用場。

因為有雨季以及有烏雲密佈的時候，所以我也並非隨時都可以曬太陽。另外就是因為我的工作也需要在辦公室內用電腦，花在室外的時間其實也不多。我的工作是為農民服務，所以家人朋友都以為我經常落區探訪，雖說我認為自己的工作很貼地，但也未至於每天走到前線向農民派種子派米。我工作的範疇包括策略研究和公司方向性的計劃，當然間中也要親自與農民接觸，以理解他們的需要以及對公司的意見，但我的工作更多時候是要構思想法，設計適合農民的市場推廣計劃，或者是要從過往幾年的客戶數據中透過分析而找出未來的商機，甚至是就公司營運方法提出改善建議等。所以說，這也是一份與香港打工模式有點相似的忙碌工作，試問又哪有時間天天出去曬太陽呢？

#04 寄來「非洲」的信

在盧旺達生活期間，收過好幾次父母寄來的信件或明信片，有天突然發現他們在地址上原來寫上了「非洲」這兩個字。

你寄信去英國的話不會註明「歐洲」、寄去日本也不會註明「亞洲」。不過盧旺達這個東非小國難免會有人不認識，就連朋友去鄰近非洲大國坦桑尼亞（Tanzania）也被人誤以為是在於澳洲那邊的塔斯曼尼亞（Tasmania）。我完全能夠想像到我的盧旺達朋友如果看到信上寫着非洲，又會給我們那個標準誇張的回覆：「非洲這麼大，整個非洲都是我們的嗎？這是盧旺達！」

每當有人對你的國家或種族沒有認識時，並不代表有惡意。正如有時候本地人見到我這個亞洲面孔就直接歸類為中國人，我的韓國朋友也不能倖免。在外國讀書有時候白人也只會統稱我們為亞洲人，就正如我們會把歐洲幾十個國家的人都稱為白人一樣。有時候真的只是個統稱，根本沒有刻意要指明那個人來自何處。又例如我也有朋友以為非洲是一個國家，問我學會了說非洲話沒有，全沒有惡意，純粹是對地球另一端不太認識罷了。

即使在非洲住上四年多，我對這個總面積大於歐洲、美洲、中國加起來的大陸仍然認識不多，只是冰山一角。但去旅行和旅居在外的目的不是為了認識世界上每一個角落，因為這是沒可能的。認識越多，越知道自己認識不多，只要抱着一顆謙虛和好奇的心繼續去探索就足夠了。

CHAPTER 2

大屠殺那件事

在盧旺達要知道一個本地人和你關係有多好，就要看他願意與你談論多少有關大屠殺的事。

#05——大屠殺後的性別平等

盧旺達在各項國際指標上有關性別平等的分數都頗高。相對地較多人已經知道的，是盧旺達的國會內有超過 60% 的議員是女性，這是許多發達國家都達不到的數字。另外，盧旺達有 86% 的女性屬於勞動人口，香港也只不過 50% 左右，許多發達國家數字也只是略高於 50%。

當然，有多少女性屬於勞動人口並不能完全顯示出性別平等，因為這個數字並不反映女性是自願或是「被迫」勞動。

經歷過一九九四年的大屠殺後，能夠投入勞動工作的人數不夠，所以不論男女都需要工作，以維持家庭收入及對社會經濟重建出一分力。但有一點我認為盧旺達的確做得不錯的，就是這裏的女性員工有三個月的有薪產假。香港的有薪產假也是由二〇二〇年才

跟着媽媽來上班的小孩。

在紙盒裏自己玩得很開心的嬰兒。

由十個星期調整至十四個星期，美國更加是世上唯一沒有法律保障女性放有薪產假的一個發達國家！

在我們公司工作的女性所得到的待遇的確不差。一位美國同事領養了一名本地小孩，雖然她不用待產，但也享受到兩個月的「產假」，好讓她與新兒子多點時間相處，建立關係。另外，經常有本地的女同事帶着嬰兒上班，在公眾場所餵奶也是正常和被大眾接受的事情。有時候媽媽們忙起來，便把小孩放在紙盒內，加一兩條毛巾便成了小孩當天的睡床。

一夫多妻制

一夫多妻制在一半以上的非洲國家仍然是

合法的，就算在不合法的地方政府也不多加管制，法律形同虛設。盧旺達是在東非一區少有的一夫一妻制國家，可見它在兩性平等的議題上確是做得不錯。當然，一夫多妻制仍然是存在的，但大家都不會公開提及此事，因為清楚知道這是犯法的。也有幾種情況下本地人會接受一夫多妻，例如是女性因為經濟能力問題而不介意與多人共事一夫，而換來安穩的生活和三餐溫飽；也有因為早年喪夫而改嫁給丈夫的兄弟，雖不合法但也廣為身邊的人所接受。

但有一種情況我本人難以理解：據說因為一家親的觀念濃厚，在兄弟之間你的東西就是我的，我的東西也即是你的，萬萬想不到這也包括妻子。即是說有時候哥哥會與弟弟的妻子睡，也有時候丈夫會與妻子的姐妹睡。這樣一來，如果兄弟兩人的妻子同時懷孕，除非做基因測試吧，否則根本沒可能知道誰才是孩子的爸爸。但既然是一家親，你的孩子也是我的孩子，反正全部表堂兄弟姊妹都當作親兄弟姊妹，而且都住在同一屋簷下，不用分那麼細。我身邊就有一位同事家裏有多位兄弟姊妹，但他也不清楚哪一位是同母異父的，也不認為有需要找出真相。在同事眼中這似乎並非性別不平等的問題，純粹是大家一家人不用分得太仔細。他們有他們的一家親，我有我在一旁充滿着黑人問號，感到匪夷所思。

希望下輩子當男人的選美冠軍

我的盧旺達朋友不算多，其中一位好友叫 Christa。她不算艷麗，但身材高高瘦瘦的，也散發着一股盧旺達人少有的自信，後來知道她是幾年前的基加利小姐（Miss Kigali），也難怪舉手投足都特別有韻味（沒錯，非洲也有選美的）。她在首都基加利出生長大，起碼算是這裏的中產階層。作為人生勝利組的成員之一，我估計她應該屬於盧旺達性別平等運動中的受惠者，但沒想到她也不是特別喜歡當女性。

「下輩子可以選擇的話，我寧願當個男人。」Christa 帶着一點無奈，告訴我這裏女性的地位沒有外人看來這麼高。甚麼國會女性議員比例高，甚麼總統大力呼籲兩性平等，都是做給世界看的。在人民的日常生活和文化中，女性的地位依然非常低。連這位在首都生長的 Miss Kigali，都認為作為女性在這裏不及男性享受這麼多發表個人意見的自由。有主見和勇於發言的女性，總會被認為不夠和善，又或者意見不被認真接納。當然，這也不只是盧旺達的問題，相信全球普遍來說仍然對敢言敢做的女性有負面的印象。

在農村地區，教育指數和收入都比較低，女性的地位似乎也同樣的低。鄉郊的女性

出席 Christa（圖中左二）姐姐的婚禮，她們都穿着傳統伴娘服，我惟有挑一件稍為有非洲色彩的連身裙。

生活簡單，一般早婚，婚後亦會事事依從丈夫的意願。我們公司是以農民家庭為主要顧客，我們也知道想要說服一個家庭購買我們的種子和肥料，大多數是要針對家中的成年男性作銷售，因為通常女性顧客都不會做最後的購買決定。

農村婦女的地位

有一次到農民家中探訪，詢問他們對我們的產品有何意見。自我介紹的時候，丈夫說自己是這個家庭的領導人（負責翻譯的同事說他是「the leader of the family」）。雖然本身已經知道盧旺達郊區的男性地位高於女性，但這位男士開門見山地說自己是家庭中的「老細」，依然令我覺得很驚訝。

訪談過程當中，一直都是老公在發言，老婆靜靜地坐在一旁。當我們交談到最後，同事向那位老婆詢問她有甚麼意見。這位來自肯亞中產階級的女同事似乎認為女性應該要有發言權。這是因為肯亞與盧旺達的女性地位不一樣，還是因為她是一個享有性別平等待遇的中產女性，所以很自然地認為要詢問女性的意見呢？我則是已經習慣了在盧旺達郊區的女性都是聽從丈夫的，所以完全沒有主動問那位女士的意見（我是否太過向本地的性別不平等的現象屈服了？）。結果也正如我所料，老婆所說的話基本上是簡短地重複丈夫的意見，至於事實上她有沒有自己的意見，就不得而知了。

種種有關性別權力平衡的故事，讓我覺得盧旺達雖然比起很多發展中國家更尊重女性，但仍然有一段漫長的路要走。即使在發達國家，也未必能完全做到性別平等；連北歐那些被譽為全世界最快樂的國家，也有兩性工資不等的情況出現。相比起女權問題，也許盧旺達與其他非洲國家，還有許多在整體人權上的境況需要改善。

#06 奢侈的友誼

在盧旺達要知道一個本地人和你關係有多好，就要看他願意與你談論多少有關大屠殺的事。

有一次和一個外地朋友視訊通話的時候，他問我的身邊有多少朋友是胡圖族　，有多少是圖西族。幸好他不是身在盧旺達大庭廣眾問我這個問題呢！

大屠殺是這個國家的瘡疤，這兩個種族的名字是萬萬不能提的！即使某程度上能靠每個人的高矮和臉部輪廓粗略估計出其種族，但絕對不是在這裏認識新朋友所問的其中一條問題！

在我所有本地的朋友當中，只有兩個我是確實知道他們的種族。

兩族不可通婚

一位是我在這裏交往過的男生，而且還是我猜度了好一會兒才覺得我們「夠熟絡」了，我才夠膽問這個問題。他屬於圖西族，是當年受害的那一族群。他是這一族裏比較幸運的一個，在事件演變至不可收拾之前，他的一家逃離了盧旺達，所以他有一大部分時間是在坦桑尼亞長大的。他的家庭成員之中沒有傷亡，但有一個稍為不那麼熟絡的親戚留在了盧旺達，不幸遇害了。

他說過，父母對於他的另一半是甚麼人沒有太大管束，亞洲人也不會是問題，但萬萬不能是胡圖族人。對於上一輩經歷過大屠殺的人，不難理解為何他們絕對不同意兩族通婚，連娶個兩個種族的混血兒都不可以。

當然我也明白，在年輕一輩的盧旺達人之間，這種芥蒂以及對於大屠殺的敏感程度已經逐漸消失。雖然沒有人能夠否認大屠殺所帶來的傷痛，但對於子女可以與甚麼人交往結婚，這個話題並非盧旺達專屬，而是個跨越國界和文化的代溝問題吧！即使是香港這種發達地區，身邊的長輩就沒有因為我們和誰交往而表達過意見嗎？另外也有盧旺達朋友悄悄告訴我，每年四月在大屠殺紀念週出席大型悼念活動時，他知道一些比較年輕的朋友對這個歷史事件感覺不大，連眼淚都是假的，只是有點像北韓那樣，怕流不出眼淚來的話會顯得不愛國。

生於一九九四年

另一位叫 Claire 的朋友，我們算很要好，但卻是在出其不意的情況下「意外」觸碰到大屠殺這個話題。事緣我們在談及有關對方家庭的事；一般情況下如果一位盧旺達朋友沒有了父母其中一方或雙親，我是從來都不會過問原因的。但我一直把 Claire 當作好朋友，亦覺得我們一向敞開心扉說話，所以當她說她媽媽已經單身很多年了，我沒想太多，乾脆問他爸爸是離開了，還是父母分開了。她很平靜、直接地說，她是一九九四年出生的，爸爸在她兩個月大的時候被殺害了。

我也很直接告訴她，我覺得在盧旺達要知道一段友誼有多深厚，就要看這個人能夠跟你談論多少大屠殺的事；而這個朋友也同意我的說法。她認同在她的朋友圈當中，有很多平時相處得來、經常吃喝玩樂的朋友，卻未必能夠跟你提及這個敏感的話題。

Claire與我談及此事時顯得非常平靜。這是因為她當時只有兩個月大嗎？是因為事件已經過了這麼久嗎？還是因為她已經習慣了在盧旺達不能再把有關大屠殺的負面情緒表露出來？就因為她對我說了這麼簡單卻又沉重的一句話——「爸爸在大屠殺中被殺了」——似乎就足以在我們之間建立起了多一層的信任，讓我們的友誼鞏固了多一分。

另外有幾個算是談得來的朋友，和他們也只是輕輕提及過大屠殺的事。其中一個說過他是一個受害者協會的成員，那個協會是給年輕人提供一個互相幫助及照顧的機會，不過現在也演變成像一般教會或課外活動之類的組織，也不是每一次聚會都談有關大屠殺的事情。他說到這裏便閉上嘴巴，而我感受到在座的人們好像突然寧靜得有點不自然，所以便不敢問下去了。有時候我也不知道是自己想多了，還是本地的朋友們心裏真的還有一道傷疤；雖然我相信和這班朋友絕不只是酒肉朋友，卻離「交心」的程度還有一大段距離。

大屠殺一個如此殘酷的歷史事件，只不過是二十多年前的事。我們外人也許沒法體會到它所帶來的傷痛，但也很明白這件事絕對為盧旺達人的日常生活帶來影響。我理解在盧旺達交本地朋友時所出現的困難；既然是真心與人家交朋友，也只能真摯地祝福他們這個傷口可以盡快癒合。

#07——蓋卡卡傳統民間法院——正義與真相

盧旺達這個小國家能夠從二十七年前的大屠殺一路走到今天，當中許多的國家重建項目、經濟發展，以至人民在心理創傷上的療癒，在國際社會看來都像個奇蹟。其中蓋卡卡民間法院的設立，更加是修復社會和平與融合上邁出的重要一步。

在一九九四年大屠殺之後，盧旺達的司法及懲教系統根本不足以應付當時的需求。單單是有份參與大屠殺罪行的人不下數以百萬計，當時只能容納大概一萬二千人的監獄或拘留系統，在一九九八年時就收納了超過十三萬名罪犯。加上在大屠殺中也有不少法官和執法者受害，據估計如果只是使用國家官方的執法和裁判資源，起碼要一個世紀以上才能把所有罪案審判完畢。

針對這個問題的一個解決辦法，就是設立蓋卡卡（Gacaca）民間裁判法院。成立於二〇〇一年，「Gacaca」這個盧旺達詞語是當地一種草的名字，用這個字來代表他們的民間法院，是因為人們都聚集在草地上討論案件。這個詞在盧旺達來說並非全新的概念，因為在民間和部落中他們一直都有自己的傳統司法系統，由部落長老或者社區中較受大家尊重的人士負責審理案件。

當然由民間領袖或部落長老主持的蓋卡卡法院，在司法角度上還是有許多不足之處的。這些本身就與社區內的人認識的長老，很難在審判過程中完全維持中立。加上蓋卡卡的目的就是為了盡快審判完所有案件，所以審判過程中沒有代表律師這回事，一般律師辯論的時間都給了被告人或受害者對事件作出陳述或提問，難免出現錯判情況。

蓋卡卡：既是司法，也是和解

儘管在外人看來有點兒戲，但蓋卡卡法院畢竟是本地人沿用了五百多年的傳統司法制度。最明顯的好處，首先是它的確能夠快速地解決當下問題。如前文提及，需要審理的案件成千上萬，如果沒有用到社區層面的蓋卡卡法院，直至今時今日盧旺達應該還在處理大屠殺的案件。而且拘留這麼多疑犯的話，先別說拘留本身已經耗盡了疑犯多年的青春，單單是要在拘留所或監獄內看管這些人，要養活他們和運作監獄就已經對政府構成巨大的財政壓力。要幫助盧旺達人從大屠殺歷史中走出來，令國家前進，實在不值得投放如此多財政資源在拘留疑犯之上。

蓋卡卡的另一個好處就是在於注重司法同時也尋求和解。在發達國家中，我們一般人對於司法制度的認識，最基本的也會知道訴訟與和解的分別。如果是為了避免時間冗長及費用昂貴的訴訟，就會嘗試走法律調解這條路。一旦雙方打起官司來，「和解」這個字就不太適用了，因為雙方都不可能和平融洽地對待事件。盧旺達的蓋卡卡民間法院，與官方司法制度的分別，在於它同時着重和解，希望透過這些程序重建社會的和諧與融合。

有不少盧旺達人認為用蓋卡卡審理案件最為恰當，是因為它容許被告和證人當面對質，說明問題。在民間法院內，盧旺達人所追求的不單單是伸張正義或者對侵略者作出懲罰，而是一個了解事實真相、尋找答案的過程。有不少在大屠殺生存下來的受訪者說過，真相對他們來說最重要。他們帶着痛失親友的悲痛來到這個法庭，不少人更着重知道自己的親友是被誰殺害的，他們是怎樣死的，屍體究竟丟棄在哪裏等等。而從大屠殺中僥倖生存的受害者，也可以透過蓋卡卡和公眾揭曉和分享這件事的真相，確保歷史能夠被公開以及永遠不被遺忘，好讓這個國家從悲痛的歷史中學習，日後不重蹈覆轍。

蓋卡卡的司法範圍只限於各自社區，審判的是一些相對「輕微」的案件。在大屠殺中比較主要的罪犯，例如背後主力策劃事件或操控的有關人士，則交由聯合國成立的「盧旺達問題國際刑事法庭」國際法庭處理，在該法庭關閉之後，再轉移至國際刑事法庭餘留機制。二〇二〇年大屠殺事件的主要嫌犯費利西安·卡布加（Félicien Kabuga）於巴黎被捕，便是交由國際刑事法庭負責。至於為何不將大小案件統統交由國際刑事法庭處理？除了法律上的審判，一般的盧旺達人更在意的，是跟自己住在同一條村落的侵略者，以前曾經是好朋友、好鄰居的人，為甚麼在種族仇恨蒙蔽的情況下殺害了自己的親友？在蓋卡卡法院當中，人們就比較有機會找到這些問題的答案。

我的盧旺達前男友 Paul，說自己和許多盧旺達人一樣，認同蓋卡卡是一個很有效解決大屠殺後各種問題的一個「自家製」方法（homemade solution）。Paul 的家人在大屠殺發生前就已經舉家離開了盧旺達，所以 Paul 在坦桑尼亞渡過了一部分童年，慶幸沒有親身經歷過大屠殺。事後他和家人回到盧旺達的家鄉，她母親更曾經是他們在家鄉村落裏的蓋卡卡法院的審判團之一。因此 Paul 有機會隨着母親去見證蓋卡卡的審判過程，雖說他當時年紀還小，但也對人們在蓋卡卡內所道出的真相感到驚訝。

Paul的一位童年好友在大屠殺中失去了爸爸。這位朋友和她媽媽一直不知道爸爸究竟是怎樣遇害的，連屍體在哪裏也不知道。在大屠殺八年之後，這位朋友才在蓋卡卡法院內從侵略者口中得知整件事的經過。殺害他爸爸的人更說，如果不是有蓋卡卡的話，他永遠不會有勇氣向任何人承認和道出這個真相，也沒有辦法告訴告訴受害人家屬屍體究竟在哪裏。這位朋友更因此和媽媽一起找到了爸爸的遺體，把他帶回家鄉讓他正式及有尊嚴地下葬。對於他們來說，只有這樣死者才能安息，才算是為父親的死正式畫上句號，也算是解開了他們的心結。

為國家帶來真正的和諧團結，對待侵略者的態度同樣重要

在侵略者的角度，蓋卡卡法院也是一個能為他們解開心結的地方。除了因為認罪的人可以獲得較短的刑期，也因為這個法院鼓勵侵略者從受害者家屬那裏獲得原諒。一些罪行比較輕微的人，例如只是搶掠錢財而沒有謀殺或人身傷害，他們甚至可以在蓋卡卡審判後的當晚就回家了，不用再面對額外的懲罰。這樣聽來或許匪夷所思，或許有人會認為對這些大屠殺的侵略者太過寬容，「讓他們獲得原諒」這個考量在一般對待罪犯的情況下絕非重要因素。但在盧旺達的大屠殺中，整個國家可能超過一半以上的人口都有某

程度上的參與，難道所有盧旺達人都是這般邪惡嗎？還是他們像希特拉時期的德國人一樣，並非如此討厭猶太人，而是被一個邪惡的政權所蒙騙了，又或者是為了保護自己才迫不得已一同欺壓猶太人？

要讓一個社會真正重建和諧，就要讓侵略者都認為他們得到的懲罰是公平的，而且他們的心理創傷也得到相應的重視和治療。能夠和受害者或受害者家屬坦誠對話，獲得寬恕和原諒，是幫助雙方日後在同一個社區繼續融洽相處下去的重要的一步。

蓋卡卡之後的盧旺達

蓋卡卡是盧旺達從大屠殺這段歷史走出來的其中一項重建措施，亦是當下解決問題非常重要的一環。但就正如大屠殺並非一朝一夕形成，而是過去多年累積下來的種族分歧一步一步導致的，盧旺達人的痊癒也並非靠蓋卡卡法院就可以短時間內達成。蓋卡卡法院用了十年時間才處理完所有案件，算是幫助了盧旺達人找到他們所需的正義。他們所追求的正義與我們一般所理解的有差別：最重要的不是報仇，也不是要為罪犯判上某一個特定的刑期。他們所追求的正義，是要追求真相，同時為受害者和倖存者提供答案，讓死去的人安息，而活着的人能夠解開心結，好讓以後不只是生存着，而是能夠有靈魂地生活下去。

那麼在蓋卡卡之後，盧旺達就能夠把大屠殺的傷痛拋諸腦後，讓國家向前邁進嗎？有些人認為過了二十幾年，他們的心痛是真的開始痊癒了，但亦有人認為這個表面上的癒合是假的，只是因為政府不容許大家再提及大屠殺的傷痛，所以才表現出一切安好的假象。但所有人都應該認同的是，即使蓋卡卡為眾人揭露了真相，人與人之間的信任仍然需要一段很長時間才能重新建立。畢竟大屠殺是如此泯滅人性的經歷，怎能叫他們再次相信身邊那些曾經是好友，卻又舉報或殺害過你全家的人呢？

此時此刻的盧旺達，很明顯是沒有甚麼信任可言的。不論是我這個只是住了兩年半的外國人，還是土生土長的本地人，都感受得到要對別人保持一點懷疑的態度才是正常和安全的。這個國家的良好治安也並非出於對左鄰右里的信任，而是在於恐懼。人們懼怕這個強權政府，所以不敢犯案，不敢表達不滿。人們相信現在走在街上不會被其他人襲擊或謀殺，是因為知道其他人也害怕政府嚴厲的懲治手段。要說現在盧旺達的國家運作，很大程度是建立在恐懼之上，也不算是一個誇張的總結。

正所謂家家有本難念的經。不論西方國家對蓋卡卡法院有諸多挑剔，在當下情況來說，這始終是個解決問題的有效方法。沒有經歷過這種程度的傷痛的人，大概很難明白有關蓋卡卡的做法。正如盧旺達總統卡加梅說過：「非洲人的問題需要用非洲方法解決。」我祝福這個國家在大屠殺後的社會和諧重建之外，也別忘了幫助人民在心理健康上療癒，在這段歷史傷痛中走出來。

#08 神經緊張——說說盧旺達的「安全」

那天晚上外面疑似傳來槍聲。這聲音只維持了幾十秒左右，所以我也沒有深究。之後在臉書（Facebook）上的群組看到其他人都有一樣的疑問——那是放煙花還是有人開槍？幸好有人證實了是煙花聲，大家不用擔心。

一個國家滿街的警察佩着大型步槍，你會覺得安全，還是覺得因為這裏不安全他們才要佩槍？是一個怎樣的國家才能讓你神經緊張得把煙花聲當成槍聲？

強權統治所營造的「安全」

我一直都說盧旺達是個安全的國家，這個觀點到現在也沒變，但警察開起槍來卻是挺嚇人的。早年在大屠殺後，政府用強硬的手腕極力整頓治安。當然這是總統卡加梅鞏固他政治地位的重要手段，而且很成功地製造了恐懼。整個國家在經歷了大屠殺這樣的惡夢後，人身安全是所有人的首要考慮因素。卡加梅就利用了人們害怕悲劇重演的這一點心理，用嚴厲和強硬的治國模式，採用寧枉勿縱以及即使是輕微罪行也重判的原則，以大大減少犯案率。比如說，早年有人在銀行偷竊或搶劫，一踏出銀行門口就被警衛槍斃，連自辯或改過的機會也沒有。這絕對是為了殺一儆百，維持現在的良好治安，令盧旺達人在銀行提完款走出來，手上拿着一大疊現金都不用擔心被人搶劫。

有一次香港某電視台在拍攝有關戰後國家的節目，剛好選擇到盧旺達，攝製隊也從臉書上找到了我這個在盧旺達生活的香港人。大家見面和認識了，他們亦來到了我的村落採訪我的故事。

在首都基加利裏，攝製隊在飯店樓下的自動櫃員機取現金時，有佩槍的守衛接近他們。在我想像中的其他非洲國家，這個守衛一定是濫用職權來搶劫遊客。誰知道這位是警衛：他好心告訴他們這個櫃員機沒有現金，說應該到對面街，最後更護送了他們一小段路。

另外，有兩個朋友幾乎有着一模一樣被搶劫卻得到本地人幫忙的經歷。朋友夜晚在街上時，一邊走路一邊滑手機。有人趁他不為意迅速在他身邊擦過，一手搶了他的電話便拔腿逃跑。（當然，不管你是在盧旺達還是在香港，夜晚在街上就不應該做低頭一族）

我朋友當下只懂大叫：「搶劫！」，街上便馬上有五六個本地人二話不說幫忙追捕小偷，把小偷制服，並把電話還給我朋友，更要繼續把小偷打個半死，直到作為受害人的友人說不作追究，他們才肯罷休。

盧旺達人都以自己國家現時的良好治安為傲，看不慣其他人做出這樣令國家蒙羞的事情。所以基本上我在這裏是不怕被人搶劫的，只要在街道上看到有其他路人，我便覺得安全了。

強權之下，外國人也沒特權

日常生活中，住在非洲的外國人可能會享受到許多特權和小方便，但面對盧旺達這種統治方式，我們也需要小心言行。早幾年就有位外國人醉酒後在總統府外徘徊，警衛極

總統卡加梅的選舉宣傳。不知盧旺達裏有多少人真心支持他，又有多少人出於畏懼強權而繼續投他一票呢？

店舖把總統的肖像印在 T-shirt 上。

力勸喻後他都不離開。這裏的人把總統當神一樣的拜，對總統的人身安全看得極為重要，在總統府周邊的保安程度更是達到了寧可殺錯不可放過的境界。所以警衛最後「迫不得已」向那個醉酒白人開了一槍。慶幸沒有傷及重要器官，那個人最後也沒有生命危險，但絕對給所有醉酒的人一個教訓。

大概二〇一四年，我有一位同事初來盧旺達報到，駕着車經過總統府時向他們的警衛問路。警衛一直跟他說不要在那裏停車，趕快開走，問路也問別人吧。我朋友還不識好歹地覺得：「我問路而已，為甚麼要那麼凶狠？」，直到警衛快要把槍指向他時，他才明白真的不能在那裏停留了，便急急離開。

慶幸我沒有經歷過這種無謂的生命危險，但回想起第一次來盧旺達時，我的確在總統府對面停留，嘗試過要截的士。難怪那次等了許久都沒有車停下，有誰敢在總統府外逗留呢？

我作為一個與盧旺達政治無關痛癢的外國人，在這裏能夠安然無恙地過着悠閒的日子。但我們說話還是要小心點：說政府的事時要輕聲細語，也盡量避免與本地人討論這些話題，以免拖累他們受政治審查。我有一位敢做敢言的美國女性朋友，她有一位盧旺達男朋友。我不清楚他們的詳細背景，但有一天警察突然上門來向我朋友問話，又問她是不是某某男性的女朋友。這種情況在一般發達國家是不會發生的，但在盧旺達卻是見怪不怪。

疫情之下

因近來的新冠肺炎疫情，盧旺達也進入了一段短期的封城狀態，在某些時段不能外出。從新聞報道上看到，因為有盧旺達人山窮水盡，在封城期間缺乏基本生活所需的支援，無可奈何走到街上，也許是為了尋找糧食，也許是要靠搶劫偷竊去維生，外人不得而知。可悲的是，這是又一個寧殺毋縱的例子：警察同樣不問原由地向宵禁時間後仍在街上流連的兩個人開槍，這兩人就這樣在沒有審判、沒有辯護機會的情況下被擊斃了。

即使這樣，我仍然覺得盧旺達是個安全的國家，只不過它「安全」的原因與模式與西方民主國家不同罷了。但這不代表我認同這個政府的手段。就像我到北韓做義工時的體會一樣：有些人不認同強權政府，但為了自身安全沒辦法發聲，而沉默的大多數則很可能是被洗腦了，加上過着安穩的生活，沒理由要站起來反對當權者。卡加梅的政權成功地把盧旺達籠罩在一片恐懼的陰霾之下，卻得到大部分盧旺達人的支持或認同，可見那一百天的大屠殺為人們留下了多少陰影，才讓大家寧願活在一個獨裁者的國度也不願意冒險再次受到人身安全的威脅。盧旺達的良好治安，除了一部分是因為公民質素之外，更大部分是因為懼怕面對犯罪後的嚴重後果。

我一個普通的外國人也感受到這個國家連空氣裏也飄着恐懼的味道。盧旺達人究竟是長期生活在神經緊張的狀態之下，還是在身體適應了之後，再嗅不出這種味道？

CHAPTER 3

工作與生活

作為一個外地人，不論對商業理論和實踐有多認識，也許永遠不能跨越對盧旺達文化理解上的障礙，所以只能永遠保持謙卑，一邊工作，一邊從中學習。

#09——閒時擠牛奶的鄉村生活

在香港土生土長的我，去盧旺達之前，一直是個典型的城市人。問香港人有沒有試過親身擠牛奶，應十個有九個都沒試過，除非是小學農場旅行的時候，稍為碰過牛牛一下。從前在香港去離島郊遊，都需要準備一整天，覺得是一次很不方便的遠行；誰又想到，我竟然在地球的另一端經歷了兩年多的鄉村生活？

印象中的鄉村生活

在這家公司最後一輪面試時，面試官有問到我這條問題：你對於派駐於郊區生活，有任何憂慮嗎？

這家以服務農民為宗旨的公司是一所國際非牟利非政府組織，遍佈非洲幾個國家，也有在亞洲區一些試點作出研究，行政和財政總部則在美國。為了更在地貼近農民，我們在每一個非洲國家的當地總部，都是位於遠離城市的郊區位置。

我老實回答老闆說，我以前一向是個城市人，生命中唯一一段經歷過鄉郊生活的，就是在英國就讀寄宿學校的兩年。我那時的學校距離最近的小村落都要步行三十分鐘，距離最近的市鎮需要四十分鐘車程，加上是寄宿學校，受嚴格看管，回想起來跟坐牢沒有太大分別。我當然沒有跟面試官披露太多細節，但老實跟她說，也許因為人隨着年紀會改變吧，那一刻的我對於可以搬往一個遠離塵囂的地方居住，是蠻興奮的。

成功入職後，完全沒有後悔過選擇了一份需要派駐鄉郊的工作，到現在也很懷念這兩年半的鄉村生活。

非一般鄉村體驗

我們這機構在非洲每個不同的國家，為員工所提供的住宿安排稍有不同。在肯亞那邊的同事，機構為他們安排了幾間距離都很接近的房子，有同事和其他同事住在一起，有些和自己配偶使用一間房子，有些則自己一個人住。

在盧旺達這邊，公司為員工租用一大片土地並建造獨立的房子，我們所有同事都住

第一間被分派到的「員工宿舍」，是一間設計比較簡陋、長方形的房間，有點像一所三百幾呎的 studio flat。

在同一條「村落」內，像一個低密度的大學校園宿舍。有些房子是一個人住的，有些是兩至三人共用的。另外也有一個連着廚房的公眾地方，是共用的客廳和飯廳，像大學宿舍共用的範圍一樣。

這條「宿舍村落」就在我們辦公室旁邊，基本上每天走路上班只需兩分鐘的路程，除了在家工作之外沒有比這樣更方便了。

既像獨居，也像群居的社交生活

剛入職後不久，同事之間玩了一個網上免費的性格測驗，測驗結果說我是89%的內向性格（Introvert），所以再重新分配房子時，沒有人跟我爭我最喜歡的那一棟單人獨立屋，人力

後來搬去另外一間屋，自家陽台上就有這樣一個大自然山丘景色，很多時候就在這裏工作，不一定要到辦公室去，所以我很早就感受到 work from home 的好處。

資源的同事也認為最適合把那間屋指派給我。

自己一個住一間屋——聽上去是多麼奢侈的事情，而且不用交租，完全是公司提供的員工福利！但由於所有同事都住在這個宿舍村落內，這感覺又像正在與十幾人同居，有需要的話總有人在身邊幫忙，失落時還有人從旁安慰，幾乎從不覺得有寂寞的時候。

但對於一個很需要自我空間的人來說，這種群居生活也充滿挑戰性。我們通常一起吃晚飯，在我進公司前他們已經建立了輪流煮飯的習慣。每晚有兩位同事負責煮飯，有負責「廚房部」的本地員工幫忙準備基本所需，例如把食材清洗和切粒等等。聽上去以為這麼多人準備晚飯，對我這個以前從來不入廚的人來說是

家裏往外看盡是一片綠油油。

不可思議的。後來才發覺，最難的不是煮飯，而是每晚和這麼多人一起吃飯，有點像《哈利波特》電影內，學生們聚在一起進餐。經歷過宿舍生活的我，本身就不喜歡在飯桌上應酬這麼多人，想不到這個情景竟然在世界另一端的非洲大陸再度上演。

這個情況後來有好轉。一來是因為和同事變得熟絡起來，認清楚哪些是真正的好朋友，哪些應該維持純粹同事的關係。二來是因為後來越來越多同事加入，有二三十人之多，根本不可能全部人都塞進那一個飯廳進食，所以我們很自然地分拆成不同小組。加上我也毫不忌諱地告訴別人，我有時候很需要個人空間，令身邊其他內向的同事也不怕坦誠地表達自己意見，打破了那種刻意聚在一起營造和諧氣氛的無形壓力。

人生唯一一次擠牛奶的經驗。

同事領養的盧旺達小孩在我們自家果園摘番石榴。

自家農場和牛奶

住在偏遠的村落裏，我們的飲食習慣都是走大自然風。每逢週末出市區，我們會買一些新鮮優質的食材帶回去。因為自己村落裏面也有一塊小農地，有各種自家種植的蔬菜，平時一些較基本的食材，就直接在農地摘下，例如生菜、蕃茄、或者調味的香蔥、芫茜等等。牛油果這種在世界各地通常很昂貴的食物，在這邊卻是隨便就從牛油果樹掉下來，任人免費取用。在西方城市因為健康趨勢，這種「Farm to table」（直接由農場到達餐桌上）的食材可以標價更高，也因為在大城市，要吃到這種最新鮮有機的食材，物流成本不菲。我們卻在一個貧窮的非洲小村莊內，享受得到這輩子吃過最新鮮的蔬菜！

至於牛奶，我們也有幾隻母牛，所以牛奶也是新鮮擠出來的。這幾隻牛是我們兩位同事的結婚禮物。他們既在盧旺達認識，也決定在盧旺達舉行了一場傳統婚禮，所以同事朋友們也跟着傳統做法，為他們送上了幾頭牛作為結婚禮物（嚴格來說算是嫁妝，但反正雙方父母都不在場，大家便簡單一點把這嫁妝稱之為結婚禮物）。

這幾頭牛被養得肥肥白白，大部分時間也能為我們提供牛奶，只有他們的「製造量」不足時，我們才去超市購買包裝好的盒裝牛奶。當然我們這些現代人也不是每天自己擠牛奶的，我也只是因為貪玩，所以自己擠過一次。平日我們有幾位負責照顧大家起居飲食的員工，裏面也有專門負責打理農場和牛牛的人，定時為我們擠牛奶，再由廚房的員工隊伍把牛奶煮滾消毒。

非一般的情侶配對

在吃飯議題之外，我們這樣一班年輕男女「困」在了同一村落內，當然和大學生一樣，感情生活非常豐富！

我們辦公室有不同大樓和工作間，座落在小山丘上，黃昏就看到如此美麗的晚霞和一望無際的山巒。

我初來甫到的時候，住在這裏的大概有十多人，這班同事之間已經有三對情侶，一對高層職員已經結為夫妻，另一對已經訂婚，剩下一對也已經交往了兩年多。

住在這裏兩年半間，當然也見證了不少愛恨分離，有的同事情侶在輾轉崎嶇的感情路口最終修成正果，也有人像玩家一般，排着隊般把所有單身好看的同事都逐一交往，到現在都沒有停下來！

聽說有些大公司規矩很嚴，不容許同事拍拖。這機構剛好相反，有個內部笑話，說我們這麼嚴厲的求職篩選過程，是為了挑出高質素的單身人士為他們互相配對！

這是另一個在辦公室我喜歡工作的地方，面對着這樣心曠神怡的景色，叫我如何回到香港一般正常的室內辦公室呢？

我們居住的村落叫 Kibirizi，每逢市集日（我們叫 Kibirizi Market）都人頭湧湧，非常熱鬧。

住了兩年多的房子的外觀。

#10 非洲工作種類

一般人對於「去非洲工作」這件事有着既定的印象：通常不是為了滿足私慾去看動物大遷徙，就是去孤兒院做義工，似乎沒有其他選擇。有時難免會遇上一些難聽的說話，以為我是因為家裏有錢，才容許我去非洲當義工玩幾年。我不喜歡這種說法，一來是因為明明不是富二代卻被認為不知人間疾苦，二來是這種說話否定了有經濟困難的人去追求夢想的可能性。我在非洲生活和工作幾年下來，明白到不論時間地點或經濟能力，每個人都總有某程度上的生活自主權。難道去非洲的就沒有想名成利就的人嗎？難道在香港這個金融中心工作就不可以是善心人嗎？

從香港的石屎森林到東非的小村落

在香港這個凡事以利益金錢為先的城市長大的我，也不知是怎麼樣的家教或經歷，讓我與社會的期望背道而馳。雖不至於要像德蘭修女那般拯救世人，卻總是想透過工作幫助別人。加上對這個世界其他地方充滿好奇，所以一直希望可以在一些發展中國家工作和生活好幾年，在做一些有意義的事之餘又能夠深度體驗異地文化。

在香港畢業之後，進入大公司工作了幾年。在看似可以平步青雲的時候，（別人認為）我放棄了高薪厚職，到紐約去修讀國際關係與事務的碩士課程。再度投入校園的這兩年可說是我人生的轉捩點，讓我拓展了在國際工作這一行的人際網絡，亦發現了到落後國家工作的渠道。

碩士畢業後花了好幾個月的時間找工作，最後加入了一間在慈善界很有名氣的非牟利機構，一下子由香港這個石屎森林搬到東非小國盧旺達的郊區村落住下來了。

到非洲工作總是頭上帶有光環的，但其實人各有志，工作種類亦很多。大家如果有考慮去非洲闖一闖的話，在這裏也許可以為讀者總括一下我對外籍人士來到非洲的各種全職工作種類的理解。

大型國際政府機構

第一類工作，也是許多人以為我正在做的工作，就是聯合國或世界銀行這類大型國際政府機構。我曾經多麼渴望進入聯合國工作，認為這是改善世界的唯一選擇，也覺得可以在聯合國工作是一件多麼酷的事情。在未接觸這個範疇之前，已經聽說過聯合國和大部分政府機構一樣，冗員多，實際做事的少，開會討論多於實際行動，反正就是一堆堆大機構容易有的毛病。那時我還一股熱誠地說，那麼就由我來進入聯合國，為它改善這些做事沒效率的文化吧。這令我想起身邊一位「揸鐵飯碗」的朋友，他入職前也是滿腔熱誠，希望自己能夠盡一己之力去改變甚麼，但入職後工作穩定，高薪厚職令他那團火完全熄滅了。

曾經在烏干達的聯合國兒童基金會做實習生，也在紐約的聯合國總部工作過幾個月的我，發覺這種大機構原來不適合我。聯合國給人一種多說話少做事的印象，不幸地，這也是我在聯合國內所得的經歷：當時總是花許多時間開會討論，然後又斟酌於修改文件上一些無關痛癢的小毛病，實際做事、實際改善人們生活的工作就似乎少之又少。

另一位香港朋友在盧旺達的某聯合國機構工作，讓我從他身上了解到一些比較客觀的事實。當然聯合國內所做的事也非完全沒有用，但一些有用的文件、報告、或者建議等等，最後是否有人採用呢？這又是另一回事了。

但如果大家對聯合國有興趣的話，我也鼓勵你去嘗試。畢竟聯合國入職要求高，能進去工作的話可以認識許多同樣工作能力高的人。在落後國家工作的聯合國職員，收入和福利更加相對地高，在盧旺達這種國家就可以過上非常舒適甚至奢侈的本地生活。

非牟利機構

第二類工作，也是在發展中國家聘用外國人可能是數量最多的僱主，就是各種慈善或非牟利機構（也稱「非政府機構」，Non-Governmental Organization，統稱 NGO）。有大型的機構，像樂施會、奧比斯、宣明會等等，是大家從小就聽說過的名字。

「非洲的小孩吃不飽」、「我們不可以浪費食物」，這些對於非洲的認識就有不少是來自媒體中這些 NGO 的籌款廣告了。不是說他們的籌款廣告有問題；從市場推廣以及消費

在盧旺達的機構的一幅員工大合照。這個大團隊裏有美國人、盧旺達人、英國人、德國人、南非人、加拿大人、阿根廷人、比利時人、韓國人等等（當然還有我這唯一一個香港人），絕對是聯合國般的多元化。

者心理學角度來說，用可憐的非洲兒童故事感動大家捐款，確實是有效以及理所當然的。只可惜大家對非洲的理解就停留於貧窮和饑荒，甚少有機會認識這片大陸的其他文化與發展方向。

在這種機構工作，你有可能會遇上和聯合國差不多的掣肘，例如冗員多或者做事系統複雜緩慢等等。但當然作為非政府機構，在這種大型慈善機構工作也可能會多一點靈活自由度，工資和福利也不會太差。

我在盧旺達工作的機構就屬於這個類別。雖然知名度不至於到宣明會那個程度，整體員工數目也較少，但在非洲的非牟利行業內算是有名氣的，有時甚至被稱為非牟利機構之中的

前線銷售員工每星期開大會的情況。

Google 或者 Amazon。我們的工作文化非常有自由，做事效率高，也注重員工的技能及專業發展，感覺上與一般矽谷科技公司無異呢！

當然也有些非牟利機構的規模非常細小，你可能會是全公司唯一一位外籍員工。除非真的有一股熱誠去為當地人服務，否則在這種規模的機構工作，工資和福利相對較少，未必足以維持外國人所期待的生活質素，又或者對於工作上的付出最後與金錢上的收入不成正比，令這類型機構的員工流失率較高。但當然，在規模細小的機構換來的可能是更靈活的工作文化，以及更多機會與當地員工合作，更可親身接觸在地的服務對象。

私人機構

第三類工作，可以概括為「私人機構」。這可以是純粹追求盈利的私人公司，可以是社會企業類型，也可以是小型的科創公司，甚至有點美國矽谷創新科技公司的影子。有些外國人做這類型工作，是因為覺得在非洲的盈利潛力高，所以來到這裏刮一桶金。但以我在這裏認識的大部分外籍人士來說，大家都希望在非洲能夠做些有意義的事，所以即使是牟利的私人機構，通常也有着某些社會企業和社會責任的精神。

我個人其中一個很喜歡的公司就是在盧旺達的 Safe Motos。這是一個像 Uber 的叫車服務，但叫的不是一般計程車或私家車，而是本地的電單車的士。Moto 這種電單車的士是盧旺達人最常用的私人交通工具之一，但因為 Moto 意外造成的傷亡卻佔盧旺達的交通傷亡數字中七成，我也因為 Moto 司機缺乏交通安全意識而令我每程車都心驚膽戰。

雖然這間公司並沒有公布他們的司機的交通意外頻率，但以個人經驗所得，Safe Motos 的司機的確比一般時司機安全，而且使用服務會有記錄，他們不會對乘客的人身安全作出威脅，例如不會把他們載到黑暗的後巷打劫。

盧旺達到處是建築工程，隨處看到中國公司的名稱。

中國外輸勞工

第四類在盧旺達工作的外國人，就是來自中國的建造業員工了。這裏的外籍朋友都笑說，遇上中國人的話，九成都是來負責監督建造業工程的經理。在盧旺達以至整個非洲，國家以及基建發展速度可快可慢，但一般來說隨處可見各類型建造工程。這邊廂起一棟新的商業高樓大廈，那邊廂建造一條高速公路。依我觀察，十個工程有九個都是由中國公司承建的，第十個工程應該還在與中國人商討中。

在這四類機構工作的外籍人士，大家都有着不同的志向以及性格，這也解釋了為甚麼我們的朋友圈子都不同，這四類人有時候也比較喜歡留在自己的圈子裏，不一定與其他類型的外籍朋友有太多交流。在聯合國或大型NGO工作的人，也許因為人工高，福利好，習慣了比較高消費的活動。亦也許因為公司的人身安全政策比較嚴厲，例如不容許員工乘搭本地交通工具或電單車的士等等，在非洲貧窮國家過着皇室成員一般的奢華生活，他們都給人一種很離地，不知人間疾苦的形象。

我身邊則是比較多屬於NGO類型的外籍朋友，亦主要以自己公司的同事為主。畢竟我們住在遠離首都兩個半小時車程的鄉村地區，最多一星期進入市區一次，所以與市區內的朋友不能保持很頻密的聯絡和見面。在鄉村的生活雖然十分寫意，但談不上與本地人有甚麼社交生活。我幾乎所有盧旺達朋友都是同事，畢竟與鄉村內的農民有着太大的文化和經濟差距，大家只限於友善的點頭之交，如果我把他們稱之為「朋友」也是騙人的。

如果有心到非洲工作的話，選擇其實很多，總會有適合你的。每個人需要考慮的因素不同，可能是工作內容本身，可能是公司或員工福利，也可能工作環境、社交生活上的選擇，才是對你最重要的。我也在這本書的最後分享了關於在非洲求職的攻略，希望能夠讓有意到非洲工作的讀者提供一些參考。

#11 我不是義工——我的非洲全職工作

之前已經解釋了我到非洲並非做短期義工，那麼在盧旺達的全職工作是怎樣的？以下為大家解答在非洲工作的常見問題。我工作的地方與一般非牟利機構有點不同，我的經歷不能代表所有在非洲工作的外籍人士的經歷，但對於有考慮到非洲工作的讀者來說可以是個參考。

一、你公司是做甚麼的？如何幫助盧旺達人？

我公司向低收入農民以貸款形式售賣種子、肥料等和農業有關的產品，同時向農民提供有關耕種上的培訓，好幫助他們增加農作物收成，繼而可以向公司還款。我們也有售賣其他可以改善生活質素的產品，例如太陽能燈、女性衛生用品、濾水器等等。

某程度上可以把我公司理解為微型金融或小額信貸公司。不論是在非牟利機構或者金融行業工作的人，都應該對這個概念不陌生。我們可以向農民提供非常小額的貸款，只

顧客滿意地從我們那兒帶走所購買的農產品（種子、肥料等等）。

不過提供的「貸款」不是現金，而是農作產品。我們公司雖然是非牟利機構，但在這些產品的買賣和收取利息之間，也能夠賺取利潤和平衡現金流，所以整個公司全球運作來說，有七成左右的營運資金都是由向農民提供的產品和服務這一項商業活動提供的，剩餘三成所需要的運費則由各種慈善基金或私人捐款提供。

二、這是一份朝九晚五的正常工作嗎？

可以這樣說。如果你說的「正常」是用電腦工作、需要休息時可以走到茶水間和同事說說是非、公司有人力資源部照顧工作環境和員工福利等等，那我絕對是一份從事着正常的工作。

但我們不正常的地方可多了。

同事們每逢星期一早上開會，雖然沒有華麗的簡報表，沒有最先進最高科技的電腦軟件，但在黑板上也是要寫下各人的表現、數據、KPI 等等，即使沒有完善的硬件配套，大家工作起來還是很專業的。

我們公司座落於郊區的小山丘上，不像一般辦公室環境潔白和乾淨。我們身處於大自然中，辦公室的設計也是用磚頭和木材這種自然風格。我們看到的園林和湖泊景色，可能是在香港幾千萬也買不到的私樓景觀。

既然位於非洲的郊區，就有時會因為停電或者網絡接收不順暢而令我們需要上網處理的工作有點阻滯。下雨的時候或許會因為水浸而令同事不能上班，或者狂風暴雨摧毀了電纜導致停電或者不能上網。這樣我們都需要調節工作狂的心態，甚麼都不能做的時候只好停下來放鬆一下。當然其實也有一些需要思考或者和同事討論的工作是不需要靠電腦的，但同事們也難免用停電這個藉口來休息一下。

面對這樣心曠神怡的景色，是讓大家不願工作，還是更有動力和效率呢？

這是其中一間開放式會議室，被花草圍繞得像置身於童話故事中。

公司內的室外大自然空間，一片綠油油的草地上放置木桌椅，員工可以隨意在這裏辦公或憩息。

我們公司文化着重互相學習和不斷進步，所以同事之間誠實地互相給予意見，這種虛心學習的態度是我在其他公司沒有見過的。我們甚至對上司也可以發表意見，每半年一次的表現評估，也會向員工的上司、下屬、以及平輩都收取保密性的建議，這種沒有階級觀念以及真誠地向身邊的人學習的態度也不太正常吧。

三、公司環境是甚麼樣的？有空調嗎？

就如上面所說，我們辦公室走自然風的，當然沒有空調這種第一世界的奢侈品，想要涼快一點就自己走到房間外的工作點享受大自然的微風吧。

還要順帶一提，為了節省用水和響應環

工作空間走自然風，代表我們可以隨意在花園裏、牛油果樹下開會和用膳。

半室外的開放式空間，除了午飯時間這裏是飯堂外，其餘時間可用作工作空間，有點像現在所說的「Co-working space」。

保，公司的洗手間也是自然風格的。不是現代社會那種白色瓦磚座廁，也不是用沖水馬桶的。是那種在地上挖了一個洞，把排泄物都傳到地下一個大桶裏，過些時候還可以成為天然肥料呢！但在洗手盆那邊正常的供水系統還是有的，畢竟如廁後始終要洗手，也要向本地同事灌輸正確的衛生意識。

四、人工高嗎？放多少天有薪假期？有其他員工福利嗎？

工資來說，一定比不上同類和同資歷的工種在發達國家可以到達的程度。那我為何會做這份工呢？難道真的當作做慈善嗎？那倒不是。第一，是因為在工資以外有不少員工福利，所以整體價值其實比工資本身多出兩至三倍左右。第二，這份工資在盧旺達來說已是頗高的，拿回去第一世界消費的話需要節儉一點，但由於物價比較便宜，在這裏使用已經覺得自己是一位小富婆了。

那員工福利究竟有甚麼呢？對比許多公司來說，我們的福利還真挺豐富。例如每年公司會為你付兩程來回家鄉的機票，甚至每工作三年可獲得一程親友來非洲探望你的免費機票。每年也有「旅遊補貼」，這筆資助金額不算多，但算是公司對員工的一點心意，希望大家在非洲工作同時也可以趁機探索這片大陸。

即使是留在室內的辦公室，也非常通風，不會像傳統香港辦公室那麼侷促悶熱。

非洲人如何看外來人士

那麼非洲人又怎樣看待我們這些老遠來到非洲工作的外籍人士呢？除了之前提及過貧窮的本地人覺得我們多麼的富有之外，我發現中產以上的非洲人也可能對外國人很反感。在國家和政治鬥爭的層面不用說，基於殖民歷史，非洲的政治家可能真心地討厭外國人，也有可能利用民族對外國人的抗拒來達到自己的各種政治目的。

我認識一位來自肯亞上流家庭的朋友，她很反對外國人來到非洲，不論是短期的義工還是長期的全職工作。首先，她認為外國人沒有可能完全理解非洲人的心態和實際需要。不論在非洲工作了多久，沒有在這片大陸成長的不會能夠提供解決非洲問題的非洲辦法。另外，她也認定外國人有私心，他們沒可能把非洲的利益作優先考慮，總是本着一種救世者主義來非洲行善，或者透過非洲的專案項目達到自己其他政治或財富上的目的。

對於她這種一面倒反對「外國勢力」的非洲人來說，我能理解她的感受和邏輯，但抱歉，不能認同。很大程度上我可以認同外國人難以解決非洲問題這個說法，但這絕對不代表非洲人在解決自己當地問題是就沒有私心——大家看看非洲最有權有勢的獨裁者和大富豪怎樣容許貧窮人繼續貧窮下去，便可知一二了。

即使像我朋友這般真心愛國的人，也難以保證可以站在真正需要幫忙的非洲人的角度解決問題。她自己也是上流社會的人，如果因為沒有理解過人間疾苦而未能提出實際有效的解決辦法，也是無可厚非的。我和這位朋友始終不太熟絡，所以我也沒有提出這些哲學性和否定性的質疑。但看着這位有錢人，我心裏想的是：「難道你自己不是在提出『何不食肉糜』這類言論或思想嗎？」

在非洲工作幾年下來，我的結論是，長期在地的全職工作的確比起短期的暑假義工計劃來得更有意義。但當不是每個人都可以到非洲長期居住的情況下，我不認為這代表大家都只好放棄探索非洲的機會。不論是純粹看動物大遷徙的旅者，或者是到孤兒院探訪的義工，重要的是要做好資料蒐集，盡量做出正確的選擇。例如說，行程的主辦單位或機構的信譽良好嗎？探訪或受惠對象會因為你的短期存在而導致一些長期的負面影響嗎？如果你希望可以做得更多，你會考慮向這些機構定期捐款或投資嗎？最重要的是，你是想去開心學習，了解一下非洲這個被媒體冷漠對待的地方，還是只想與一群面帶笑容的黑皮膚孩子拍幾張照，在社交媒體上多獲得幾個讚呢？

一些比較小型的機構，因為工作所需，外籍員工通常與基層的盧旺達人親身接觸得多，相對地會覺得自己比較對非洲有深切的認識與了解，不像聯合國員工那般坐在象牙塔內談論不切實際的政策。當然，不論我們自以為有多貼地，我們始終永遠沒有辦法融入本地人的圈子和文化。在貧窮的非洲人眼中看來，你那白皙的膚色就代表着財富：單單是你有經濟能力乘搭飛機來到非洲，就已經代表着你比他們幸福多一百倍、一千倍。即使外國人抱着一顆真心來到非洲，想要為本地人做足一點貢獻，也不能改變我們頭上帶有光環的事實，也不能否認用在我們身上的資源對非洲人來說是一個匪夷所思的天文數字。

#12

BBA沒教我的——親身體驗窮人經濟學

我在盧旺達的機構工作時，主要負責市場調查及傳銷（research and marketing）。其中一大樂趣以及挑戰，就是在於重新認識市場和顧客群。以前在BBA（商學院）所學到的，道理上沒錯，但應用在發展中國家，需要很大的調節。

還記得臉書大概是在我的大學時代開始盛行的，這也代表着社交媒體在那時候開始陸續出現，所以在我踏入社會工作後，做市場營銷（marketing）這個行業的人剛好需要由傳統渠道轉戰到網上世界。因為是新事物，我這一輩的marketing人都沒有甚麼正式的訓練，甚麼digital marketing數位行銷，甚麼SEO（search engine optimization）搜尋引擎行銷等都是要自己摸索、自己學習的。

在非洲做市場營銷又是怎樣的呢？其實在大公司做事的話，透過網上渠道和社交媒體與客戶溝通和推廣在這邊也是平凡不過的事情。但在非洲這般工作文化懶散的國度，想要與政府機構的顧客服務部聯絡或者得到滿意的答覆，一般情況下是不可能的。不過有趣的是，現在幾乎所有政府機構都用 Twitter 對外發放官方消息。據說不只是盧旺達，其他東非國家都以 Twitter 作溝通渠道。其實 Twitter 對於非洲政府官員這種組織能力弱、辦事能力低的人來說，的確是很方便的溝通渠道。不用更新網頁，不用正式向任何人發信或寫新聞稿，只需要在一百四十字之內簡單清楚列明所需公布的事項便可。我們這邊常有一些公眾假期是非固定的，總是假期前一天才知道，而且大家都是透過政府的官方 Twitter 確認的。

我雖然一直在市場營銷這個範疇，但剛好我的工作崗位和行業比較少需要用到 digital marketing，所以我自問在香港做市場營銷是有點落後了。曾經在聯合國紐約分部工作和聯合國兒童基金會的烏干達公司做過暑期實習生，兩次都需要負責社交媒體上的工作。那時候還很天真幼稚地認為，可以以玩 Facebook 和 Twitter 為全職工作是多麼美好的事，但才不夠一兩星期便厭倦了。作為一個內心古板的人，其實我不太喜歡新科技，也討厭那種無時無刻需要緊貼資訊的感覺，好像人生沒有一刻能夠靜下來休息。所以簡單來說，我對於去盧旺達做這份不用接觸大量網絡資訊的工作感到挺興奮的。我還是比較喜歡回到那種和客人親身接觸的情況，親身理解他們的體驗。

非一般顧客和市場調查

我一開始提及到，以前在 BBA 所學的東西在盧旺達並非全部用得着，因為學校所教的都是從西方發達國家的角度出發，很多情況下在盧旺達的產品專案調查工作，都需要考慮到本地顧客和市場的實際情況。

由於我們的客人是處於郊區、低收入的農民，且不要說他們沒有智能電話，沒法透過追蹤顧客使用模式或者大數據來分析農民的消費心理；即使是一些我們常接觸到的問卷模式，也非他們能夠容易理解的。我曾經試過做一份問卷，是那種給客人一句句子，讓他們由一到十選擇一個號碼以代表他們對這句句子有多同意。例如說，「我非常滿意貴公司的表現」，然後選擇一代表非常不同意，選擇十則代表非常同意。我試過小規模測試這種問卷，基本上所有人都是選一或者十，不明白中間二到九這些數字代表甚麼。因為這樣，得出來只有一和十的問卷結果其實完全沒有意義。我們如果想收集比較有意義的數據，需要把問題變得非常簡單，通常只是那種「有、沒有」或者「是、不是」的基本問題。所以問題就會變成「用了太陽能燈後，你們在用電上的總支出有減少嗎？」，或者「我們的銷售員有給你示範怎樣使用這個新產品嗎？」雖然這樣得出來的答案比較準確，但卻顯然不是甚麼驚天大發現。

沒辦法收集全面的數據，或者沒辦法全面倚賴數字的時候，就代表我們要更懂得用高質素的質性研究（qualitative research）來進行市場調查。因為本身不是一個對數字很敏感的人，所以更加喜歡這種需要和客人緊密接觸的工作，喜歡透過與他們深入的交談來了解客人的經驗和對公司的意見。當然這種比較深入的訪問在盧旺達郊區也是非常有挑戰性的。首先，語言已經是一大問題。基本上這裏的農民全部都只會說盧旺達語。我學習的盧旺達語也是非常基本，久經訓練後有時候可以用正確的詞語和造句向農民發問簡單的問題，但他們一開始回答我就已經跟不上了，滿腦子黑人問號。有些稍為學歷較高，或者年紀較大、在殖民地時期長大的人，也許會說一點法文。我的法文也只是一般，尚未到達能夠與客人進行訪問的地步。因此我們落區探訪時都會與盧旺達同事一起，好讓他們可以幫忙翻譯。

有時候亦因為文化上的顧忌，讓市場調查變得困難。例如有關女性月經和衛生巾的問題，即使在香港也未必找得到男性顧客願意和你高談闊論，更何況是在思想更保守的盧旺達呢？雖說女性是布衛生巾的使用者，但由於男性仍然是一個家庭單位的領導者以及主要經濟來源，所以我們若要賣出更多衛生巾，也需要了解男性顧客對於這件產品的想法，又或者要明白他們如何才會被妻子、女兒、或姊妹的需要影響而讓他們購買我們的布衛生巾。這個時候就要動用到一位讓客人感到被尊重的盧旺達同事來當翻譯員，我們亦很大部分是倚靠這位同事用他自己的方式問問題。以我所知，他們並非直接翻譯的。由於我知道我的問題會被翻譯，所以毫不介意直接使用例如「月經」、「女性部位衛生」這種詞彙，但同事告訴我他們向客人發問時會自動把這些詞語翻譯為「每月問題」或「女士健康」等等比較不直接卻又容易明白的詞彙。

我通常會與英語說得好的同事一同外出探訪農民。

從太陽能燈例子學習市場調查

首先，需清楚解釋太陽能燈在盧旺達對於一般貧窮的非洲人來說，是一個怎樣的產品。在發達國家所聽到的太陽能燈，通常是「持續再生能源」這類議題之中的其中一項選擇，一般使用太陽能燈都是出於環保的考量。除非是一個細小得像電筒而已的太陽能燈，否則稍為大型一點的太陽能燈都附帶一塊太陽能板，同時能為家居發電。對於用太陽能發電。我們一般消費者已經明白這個概念，不過市場上未能做到把太陽能電力的成本拉至和一般用電的水平，所以家居用的太陽能發電仍然被視為有錢人才能負擔得到的高消費項目。

至於在落後國家，特別是遠離市區的村落，太陽能燈則是一個非常實際的選擇，有時也許是唯一的選擇。盧旺達雖然在過往十年期間大大增加了供電網絡，但到二〇一七年為止（我負責這個產品項目的時候），整個國家只有三成人口的家居中有國家的電力供應網絡覆蓋，另外約一成人口家中接駁了太陽能電源，即是說盧旺達仍然有六成人口長期沒有穩定的電力供應。本身在郊區住了兩年半的我，雖然住在一個電網覆蓋到的區域，但親身體會到電力供應不穩定所帶來的麻煩。

一般住在電網供應範圍以外的基層農民，也許短期內不見得政府會把電力供應網擴建至他們所處的區域。在沒有電的情況下，他們可使用甚麼呢？現在手機普及率頗高，就算農民沒有智能電話，也會有一個舊式的基本手提電話，電話上也有照明功能。不過一家人也並非每個成員都有手提電話，所以仍然要用到蠟燭照明。我們發達地區的人說到蠟燭，也許會聯想到在豪華奢侈的水療中使用，或者在黃昏做瑜伽時點着，對盧旺達的村民來說卻是晚上的基本所需用品呢！

農民很高興買到我們的太陽能燈。

我們的銷售人員在村落裏手舞足蹈地介紹太陽能燈。

除了蠟燭外，也有一小部分人在使用煤油燈，但煤油燈的價格也在上升，所以這也不見得是個經濟實惠的選擇。而且這兩項選擇都有造成火災的危險，所以轉為使用太陽能燈除了是一個長遠的經濟考慮，也可算是為了人身安全的實際設想。

另外一個在非洲做 Marketing 的難處就是如何避免經常談及金錢，又或者是如何有技巧地談及金錢。所有做 Marketing 的人都知道，最沒效率的 Marketing 就是強調產品有多便宜，或者着重於價錢上的優惠。除非產品本身十分基本，擺明打着便宜的旗號，薄利多銷，否則做 Marketing 的都喜歡推廣產品的質素，以及提高客人對產品或品牌的整體印象。

但我在盧旺達的這份工作，面對的是低收入的農村家庭，他們每天的收入可能只有一兩美金左右，我該怎樣向他們銷售一些比較昂貴或奢侈的產品，例如太陽能燈呢？讀過國際發展或者《窮人的經濟學——如何終結貧窮？》這本書的人都知道其實窮人也可以購買奢侈品的，但要理解他們購買力背後的意欲和心態便不容易了。

親身體驗的窮人經濟學

首先，我們需要知道他們在節省金錢的背後有甚麼動力。我們一些經驗尚淺的銷售員，只會單一地向農民強調我們的產品質素高，比起其他同層次質素的產品較為便宜，所以農民應該要購買。但比較成功的同事就明白到不可只提及金錢；他們懂得了解客戶在日常生活中真正的需要，而從這種需要入手說服客戶購買我們的產品。譬如說太陽能燈，雖然產品昂貴，但農民們都知道在晚上能夠享用電力的好處。在晚上有燈光照明的話，也代表他們可以繼續工作，例如整理農作物、縫補衣裳等等，代表着他們晚上的時間也可以用來幫補生計，賺取更多收入。這個時候一個資深的銷售人員就懂得了解客戶的真正需要。例如他們會問，你們平日晚上在家裏做甚麼呢？沒有燈光的時候可以有甚麼活動呢？除了耕種農作物之外，你們還有甚麼其他小生意或收入嗎？這些收入可以怎樣為你們改善生活呢？你希望家裏的小孩上大學嗎？已經開始為他們的大學學費儲蓄了嗎？

我們發現很多時候談及家中孩子的未來，是最能夠觸動客戶的。貧窮人家的父母自己享受不到美好的生活，在短期內也許難以見得生活有改善，所以大家都把希望放在下一代身上。通常與客戶建立良好關係的銷售人員，都已經得悉客戶家裏有幾個小孩，小孩在學校上幾年級等等。等時機適當的時候他們就懂得用「節省金錢為孩子上大學作準備」，或者「選用我們的產品為小孩提供更理想的成長環境」作為賣點，讓農民更有購買意欲。

第二，我們需要了解農民在現金流上的困難。這就是在 BBA 中比較有用的東西：我們要明白總消費和現金流的分別。我們華人社會不喜歡負債，儲蓄是一個習慣及美德。但對於生活在貧窮線下的盧旺達農民，如果連每天溫飽都成問題的話，根本很難有多餘的儲蓄，更遑論可以付出五至十塊美金或更高的價錢去購買我們的產品。

我在這份工作上其中一項最意想不到的發現，就是分期付款這個偉大發明對農民來說有多重要。我們針對價錢昂貴的太陽能燈做了多次客戶調查，結果一致顯示，他們寧願付出更高的價錢去換取一個更長的還款期。譬如說五百元的計劃需要在一年內完成付款，而八百元的計劃就可以有兩年的還款期，即使是完全一模一樣的產品，他們也寧願選擇整體比較昂貴的產品或計劃，好讓自己有更多時間還款，代表着每次付款的金額較細，他們在現金流上比較應付得來。

太陽能燈業務失敗，卻讓我上了最好的貼地商業課

從需求上說，太陽能燈在盧旺達絕對有市場，但對於消費力低的郊區顧客來說，這個產品還沒到說得上是「普及」的程度。盧旺達政府其實對於改善人民基本生活質素是很用心的，許多顧客都聽說政府即將為市民購買太陽能燈提供資助，所以大眾都不願意自費購買我們的產品。可是盧旺達政府也許有心無力，也許有其他更優先的考慮，關於太陽能發電資助這件事，一直只聞樓梯響。我的機構和盧旺達市場上其他售賣太陽能燈的私人公司，幾乎全部的業務一落千丈，據說在我離開盧旺達之後直至現在，都沒有私人公司在這個產品上投放傳銷資源，但政府所計劃的資助仍未批下來，所以現在整個盧旺達仍然有一半人口得不到穩定的電力供應。

農民向我們展示她剛在家裏安裝好的家用太陽能燈。

雖然這個太陽能燈專案在商業計算上算不上成功，但我卻上了一課難得的「窮人經濟學」，也親身看到了許多在大學和 BBA 課本上沒有教的事情。在道理上我一向都明白營運效益、成本、現金流等等的分別，香港人購買大型家電用品也會用分期付款的模式，但我沒想到這種消費模式對貧窮的盧旺達人來說如此重要。

能夠這樣在非洲定居和工作一段長時間，讓我比起一個短期的旅行或義工服務，對本地人的生活和思考模式有更深入的了解。作為一個外地人，不論對 Marketing 或其他商業理論和實踐有多認識，也許永遠不能跨越對盧旺達文化理解上的障礙，所以只能永遠保持謙卑，一邊工作，一邊從中學習。對我來說，這是一種很與別不同的「深度遊」，也是讓我在非洲繼續待下去的吸引之處。

#13

從衛生棉看出盧旺達的女性健康文化

「看？把水倒下來，它馬上就吸收了！」我公司的銷售員拿着水瓶和布衛生棉做示範，圍觀的顧客們都嘖嘖稱奇。

我每次實地考察看到的是，如果是女銷售員負責介紹產品的話，男性客人總會避開與她的眼神接觸。如果是男銷售員講解的話，女性客人也同樣會迴避他的眼神，而其他男客人則有點尷尬地苦笑。不過無論顧客的反應如何，我都很佩服我們的職員，總是很有自信地討論和介紹布衛生棉。

經常有人問我說，有甚麼東西一定要從香港帶過去非洲的。大部分人會聯想到零食、杯麵、護膚品或電子用品等等。對於女士們來說，相信衛生巾也是必備用品之一。衛生巾只是我對女性衛生用品的一個統稱。相信我和大部分香港女生一樣，在香港長大的人

銷售人員示範布衛生棉的吸水力。

不怎麼留意即棄衛生巾以外的選擇，如棉條、環保衛生巾等等。在盧旺達，選擇更加少。

一開始決定要從香港帶衛生巾過來，是因為不知道這裏有甚麼牌子和選擇。來到之後，發覺還是可以找到一些安全的衛生巾的。有從英國製造的，有從韓國進口的有機衛生棉，也有很多中國製造的，間中能夠找到其他非洲國家製造的衛生巾。當然牌子和選擇不及香港那麼多，而撇除一些非洲製的產品，剩下的大概只有三至四款選擇。奇怪的是，我找了很久也找不到日常用的衛生護墊，於是下一次回香港時便多帶了些回去。

我也不是沒有考慮過布衛生棉，但我這種被寵壞了而少做家事的人，想到要自己清洗布

銷售人員在村落裏向農民介紹和示範布衞生棉。

衞生棉這麼麻煩，便很快打消了這個念頭。在許多發達地區，包括香港和台灣，雖然相信使用布衞生棉的女性仍是少數，但起碼越來越多人對它有認識。而且在富裕的國家，女性會考慮用到這種非即棄的衞生棉，通常是從環保角度出發。對於衞生棉，以至女性私密處的事，在非洲小國盧旺達又是一個怎樣的話題呢？

從產品銷售角度分析布衞生棉

很多慈善機構或非政府機構，都有在非洲國家做一些與女性衞生或性教育有關的項目，所以相信讀者對於非洲女性經期時所面對的問題不會太陌生。

在盧旺達，根據我們公司所做的市場調

查，顧客已經對於月經這個生理周期有基本認識（起碼不是那種匪夷所思的謬誤，例如覺得正值經期的女性被鬼怪附身），也基本上明白女性需要衞生巾或類似的產品去應付月經。那麼作為一間服務農民，以提供農作產品和訓練為主的公司，我們為甚麼也賣起了布衞生巾來呢？

盧旺達仍然有許多貧窮的女性隨便使用一些舊布甚至樹葉來製造自家製的衞生棉，這是一種非常不衞生的做法。有時候現金流容許的話，她們也會購買即棄衞生棉，但通常不能負擔一年十二個月都用這種即棄衞生棉，有時還是要回復到隨便用幾塊舊布勉強應付一下的情況。我們公司的主要顧客對象是鄉郊的農民，而我們的宗旨是要讓農民的生活好起來。因此在擴展產品版圖時，公司便大膽起來考慮其他可以改善整體生活質素的產品，在多番考量和市場測試之後便決定推出可重用的布衞生棉。

布衞生棉的成功銷售

對於我們公司來說，盧旺達其實本身已經有很多因素令布衞生巾得以成功推出市場。首先，正如之前所說，盧旺達婦女的基本衞生意識已經存在，對於市面上的即棄衞生棉亦有所認識。有一些大牌子能夠把衛生棉做得很便宜，在郊區也能夠看到這些品牌的足跡。Kotex 是在郊區最流行的大牌子，基本上 Kotex 就是衛生棉的代名詞。即使要買其他牌子，她們在小舖裏也會詢問：「有沒有 Kotex？」

第二，我們的布衛生棉是一項比較便宜的選擇。在郊區的小士多可以以大概美金一元買得到一包十片左右的即棄衛生棉。這些在我們眼中看來很便宜的價錢，對於貧窮的鄉間女性仍然是一項昂貴的開支。我們售賣的布衛生棉大概美金五元左右，一包有四塊衛生棉。驟眼看來這似乎是天價的衛生棉，但只要清洗乾淨，可以重用一年左右。這樣一年十二個月下來，比起每次都購買即棄衛生棉，用我們的布衛生棉其實節省了一半以上的價錢。

在清潔產品方面，只要每次把衛生棉清洗乾淨，確保在太陽下完全曬乾了才把它收疊起來，下個月便可以再次使用。在郊區生活的家庭即使自己屋內沒有自來水，至少平時也會在社區內的水喉取水使用，在平時洗衣服的時候同時清洗布衛生棉便可。

第三，市場上當時沒有甚麼對手，最起碼沒有其他公司在我們主力服務的郊區售賣布衛生棉。這解釋了為甚麼我們的客人其實不知道有可以重用的布衛生棉，但也代表如果我們能成功向顧客推介這產品的話，他們就只能向我們買。

最後一個原因，就是盧旺達有一種支持這個產品的文化根基：性別平等。雖然距離達至真正的性別平等仍有一段漫漫長路，但盧旺達已經比起所有非洲國家，甚至某些西方國家在女性待遇上做得更好。這種相對發展已經成熟的兩性平等文化，代表着我們的顧客非常樂意討論或者考慮一些能夠改善女性健康和生活的產品。在市場調查的過程中，問到經期對女性的影響，不論男性或女性受訪者，他們都會提及到生理不適、不能外出工作或上學（在盧旺達估計每四位在學女童就有一位會因為月經而不能上學）、不能進行社交活動等等。我得到的印象是，女性很清楚她們因為月經而面對的困難，而男性亦同時很理解和體諒，似乎也希望為他們家中的女性找到解決辦法。

銷售策略考慮：用家與買家

雖然不是刻意顯示我們公司有多走在文化的尖端，但剛好被指派負責開拓布衛生巾的產品經理是一位男士。

「在我們的市場調查和第一階段試點銷售當中，我們明白到這個布衛生棉的買家不一定是用家。」雖然不是市場推廣和行銷出身，但作為產品開拓負責人的經理也很快能把這個用家與買家的概念放在這隻產品上。

「有一些女性顧客與我的團隊聊天時，起初是顯得有點尷尬的。」幸好我們公司已經在鄉郊社區和對象顧客群中建立了良好的信譽和關係，所以整體來說，調查和試售過程尚算順利。經理也留意到，不單是女客人，男性的顧客也很有興趣了解布衛生棉這個產品。雖說盧旺達大致上兩性平等，但有些女性仍然習慣經家中丈夫同意後才消費購物。因此產品團隊留意到，在推廣布衛生棉時，要理解銷售對象是用家還是買家（這個當然不難分辨了！），從而用不同的角度切入討論顧客需求。如果是男性考慮購買的話，銷售員當然要抓緊顧客想當一個好爸爸或者好丈夫的心理，說服他們把這個產品帶入家中，讓太太和女兒每個月的那幾天都不用過得那麼辛苦。

我在後來實地考察時，看見銷售員和顧客對於布衛生棉和女性健康的討論，和產品經理在調查時期所看見的是一致的：由於這個話題始終有點尷尬，我們的銷售員會盡量避免準確地提到某些詞語或身體部位。例如說，他們會很有自信，光明磊落地把布衛生棉拿出來，然後直接用水樽在上面倒水，以表示吸水力強。接着，他們只會說「吸水力強」、「不會在使用時不舒服」、「需要時把它和衣物一同清洗乾淨」等等。整個銷售過程不會聽到「月經」、「陰道衛生」、「經血」等這些太過露骨的詞語，反正只要大家明白大概意思便可。這有點像我在烏干達那位清潔阿姨，明明對各種避孕方法都很有認識，但一直不願意用到「安全套」這個詞語，只向我提到避孕方法有打針的、吃藥的和「下面用的」。看來談及到女性健康和性自主的話題，大家暫時來說還是婉轉一點好。

其他月事產品的考慮：衛生棉條和月經杯

雖然我明知道和盧旺達人能夠談論衛生棉，已經是很開放的了，但還是很好奇他們對其他女性私密處產品的認識和看法。

和郊區的農民討論是沒可能的了，更何況如果翻譯員不清楚我在說甚麼的話，也可能會翻譯得很糟糕。我決定與身邊幾位最要好的朋友兼同事打聽一下。

「在考慮衛生棉這個產品時，你們有同事對衛生棉條的市場反應作出調查嗎？」其實我明知故問。我一向連衛生棉條都甚少使用，即使在香港，身邊不少朋友都不認識棉條，還記得小時候同學之間都經常好奇女性職業泳手是如何處理月經問題，也常以月經為理由逃離我們都不喜歡上的游泳課。

「沒有正式調查，但以我們對自己人的認識，這個暫時是不用考慮的。」我的盧旺達朋友異口同聲說道。這種「入侵性」的產品，對於性文化仍然保守的盧旺達來說，暫時是不太有可能的。我身邊一些比較有世界觀的女性朋友，起碼對需要放入體內的衛生棉條不會陌生，但她們也一般不會使用。

我得寸進尺，再問多一條更加明知故問的多餘問題。「你們有聽過月經杯嗎？」月經杯是一般香港人也未必會認識的產品，即使在西方國家這也只能算是個剛剛開始被接受的月經產品。遇上月經杯這個概念，一開始讓我感到好奇的是因為它夠環保，第二則是因為它讓女性在月經期間仍然能夠保持乾爽。我那時候怕到非洲工作要經常落區探訪，如果天氣炎熱潮濕，又要一整天在外的話，使用一般的衛生巾聽來是一種折磨。

月經杯基本上就是一隻用矽膠或乳膠製造的杯狀容器，放進陰道內，在月經期間收集經血。每次在身體內可放置四至八小時，拿出來把經血倒掉，用清潔的水沖洗，便可重新再放入陰道內使用，但當然每個月或者每幾個月需要徹底用熱水清潔一下。月經杯都是可重複使用的，壽命由一年至三年不等，甚至更長。

我去盧旺達工作之前也有考慮過購買月經杯，在香港開始尋找這個產品，亦上網查看很多資料和用家的討論，以對這個東西更深入地了解。還記得起初找到唯一一間售賣月經杯的店舖是一間性玩具商店。我明明覺得尷尬，但也抬起頭來大方自信地走進店舖內，幸好店主非常友善和耐心地為我解釋月經杯的選擇。我最後並沒有馬上購買月經杯，而是等到在盧旺達待上了幾個月，明白了工作和生活模式，之後一次回香港時才購買的。

我的盧旺達朋友當然沒有聽說過這種月經產品，但覺得聽來這個概念不錯，只是在文化上以及實際衛生配套上，都覺得盧旺達農民顧客都不適合使用月經杯。文化上的阻礙，和使用衛生棉條一樣，暫時是沒可能說服盧旺達女性把這些外來物放入自己的私密處。而從衛生角度看，不是所有人家裏都有自己的水喉，通常洗手間也沒有洗手的配套，所以根本沒法每次都把月經杯清洗乾淨。

從實際使用情況以及衛生角度比較各種衛生棉、衛生棉條、和月經杯的清潔處理方法，當然即棄衛生便是最清潔的選擇。但之前說過，每月都用即棄產品的話，對我們的顧客群的經濟負擔來說有點重。

現在開始看到有些西方的慈善機構想把月經杯引入非洲，或者透過捐款形式免費向非洲女性送贈月經杯。也許這個出發點是好的，但我對這些計劃抱有懷疑態度：如果不能考慮到他們生活上實際困難（即是沒有隨手可得的乾淨自來水），而令他們在使用月經杯時引發其他更大的問題（因為沒有衛生地處理月經杯，而引致私密處發炎甚至更嚴重的身體慢性中毒），這可謂得不償失！

女性衛生用品市場與兩性平等

盧旺達政府去近年始豁免了所有即棄衛生棉的入口稅，雖然對布衛生棉來說可能是市場上的競爭增加了，但這樣令即棄衛生棉變得價錢更相宜，對整體盧旺達女性來說始終是好事。

我們最後因為各種政府規例和限制被迫退出盧旺達市場，實在感到非常可惜。（題外話：比起其他非洲國家，在盧旺達營商要與當地那個極權政府合得來實在非常非常重要！）但我選擇相信，布衛生棉這個產品短暫地在市場上出現過，也已經為當地女性健康話題出了一分力。盧旺達也有不少非牟利機構向學校提供有關女性健康的培訓，雖然暫時並非正式課程之一，這些機構都正在積極向政府爭取把這種衛生教育納入必修的課程範圍。

回想起那位尷尬地微笑的男顧客，最後還是主動要求買下了幾包布衛生棉，說是要給太太和剛剛升中學的女兒做禮物的。我們都知道，要達致真正的性別平等，男性的參與是不可少的。這位男顧客讓我感受到未來有一天，在盧旺達的家人和朋友之間談論女性私密處的健康，不會再是一件難以啟齒的事。

在某次市內大型嘉年華中看見這樣一個攤位，也是最乏人問津的一個攤位。相信要讓盧旺達人好好探討性知識不是一件容易的事，這也直接影響到有關女性健康的發展。

CHAPTER 4

我的盧旺達日常

我在盧旺達最好的朋友常說：你們有錢人有的是手錶，但我們非洲人有的是時間。

#14 沒有 Uber 的城市

當 Uber 成為了的士的替代品時，在一個沒有 Uber 的城市該如何生存？

其實我本人在香港幾乎不搭的士，但在外地旅行時也成了 Uber 或類似這種的士 App 的常客。姑勿論它在各地的合法性，卻不得不讚賞它為遊客所帶來的方便。以前去旅行之前我都在 Wiki Travel 或網上其他討論區仔細搜查一下有關當地搭的士需要留意的事。雖說大家都以為我一個人跑到非洲，是個大膽和愛冒險的女生，我卻在某些小事上格外小心；而也許就是這種謹慎的態度讓我可以安心去冒險。我不喜歡搭的士要事先講價，不想留意着咪錶是否跳得太快而懷疑司機有詐，不想和司機爭論行哪一條路最快最便宜，也不想上了「黑的」，連最基本的人身安全都要擔心。在外地旅行選擇 Uber 或類似的叫車服務，則大大減低了這些危險和不便。

以為去到非洲就沒有了 Uber 嗎？那也不一定。原來 Uber 在經濟落後的國家也發展得不錯。而我作為一個外地遊客，其實在一些沒有太多公共交通選擇的落後國家，才更需要這種叫車 app。上網一看，才知道現在 Uber 已經在非洲二十二個城市提供服務，而我本人也在坦桑尼亞的首都使用過，感覺的確是比起用本地的士安全方便得多。

我剛搬到盧旺達時，Uber 在落後國家還不算盛行，我還以為盧旺達可能需要再等一段時間才會有類似的公司進攻這個市場。住下來之後，很快就理解這裏為甚麼沒有 Uber。作為一個人口只有八十幾萬的首都，基加利的面積比香港還小，只有七百多平方公里。一般市中心的活動範圍更小，基本上任何一個我會去的地方，坐車或用電單車的士的交通時間也不會超過十五分鐘，感覺最多只是由中環去到銅鑼灣那麼遠而已。曾經有朋友抱怨他住的地方離市中心太遠，他想搬近一點。「你來這裏坐 Moto 要多久？」（Moto 即是那些用作的士的電單車，就是 Motorbike 的簡稱）「要二十分鐘，真是太遠了！」距離其實是一種相對的概念，當我步行二十分鐘便可到達全市最高級的商場時，也真明白到他要二十分鐘交通時間才能來到市中心是多麼的「不便」。

除了面積小，基加利市內也幾乎從來不塞車。有時候出入首都，在它外圍連結郊區的公路口可以塞車塞上一個小時，但一旦進入了市區範圍，所有地方都是十多二十分鐘能到達的。再加上會用到 Uber 這類服務的乘客都是中產的，他們所出入的場所更是集中於

基加利整潔的街道和正在找乘客的 Moto。

某幾個小區，五到十分鐘已能抵達。試問這麼短的車程，要如何定價才能讓自僱司機覺得有利可圖，而乘客又願意付錢呢？基加利連它本身的的士服務已經是供多於求，應該是容不下一個叫車 App 了。

其他交通選擇：Safe Motos

那我在基加利內的日常交通有甚麼選擇？

其實這個城市內到處是電單車，把 Moto 作為交通工具是非常方便的。在街道上隨處都可以截下一架 Moto。雖然說盧旺達人比起其他非洲人相對誠實，不論是買東西搭的士都不會開天價，但面對外國人乘客，收貴少許還是可以的。見到外國人，Moto 司機都搶着來接客。

由於本地的 Moto 相等於我們一般的士，所以就正如之前在「非洲工作種類」一文提及到的，這裏有個 app 叫做 Safe Motos，相等於其他國家的 Uber。正如名字所言，Safe Motos 的服務大部分都的確比較安全。雖然基加利比起其他非洲城市比較有秩序，交通不繁忙，但一般 Moto 司機都沒有甚麼道路安全意識，人肉包車地開着一輛電單車左穿右插，確實驚險萬分。因此我一開始用 Safe Motos 就是為了尋找一個比較安全的選擇。

Safe Motos 原理和 Uber 無異。一打開 app，你便選擇要去的目的地，然後確認你在地圖上的位置。他會根據你的路程提供一個參考價，然後到達目的地時也是根據 app 的計算付錢，所以不用與司機討價還價。它不像 Uber 那樣可以用信用卡付費如此高科技，但也可以像八達通一樣把你的戶口預先增值，然後透過 app 來付錢，所以也不一定要現金交易。

和 Uber 不同的是，它剛開始營運時並非根據市場供求來定價，而是根據路線計算價錢，但車費一定比普通的 Moto 略貴。當然那一點錢對我們外國人來說微不足道。如果只是貴上一兩元港幣而能夠換來更加安全的交通選擇，何樂而不為？畢竟坐在電單車上面是一個如此危險的體驗，一旦發生交通意外，傷亡程度肯定比起坐私家車或巴士更嚴重。

Safe Motos 的弊處

但我留意到另一個問題，就是等待 Safe Motos 的司機時間很久。等他到來可能花上

坐在 Moto 上的我。

了十多分鐘，代表等車的時間比車程還要長。那我們究竟在等甚麼呢？是供不應求所以要等司機接訂單嗎？非也。我多次留意到 app 上面顯示接了訂單的司機總在他自己的位置兜來兜去，花了很長時間才開始向我的方向進發，有時甚至見他反方向而行，久久沒有掉頭，我甚至要取消訂單重新叫一架車。間中上了車後用地圖顯示給司機我要去的地方，司機也是一頭霧水。

原來他們不懂看地圖。

易地而處，用心思考一下，便會發現懂得看地圖也是受過教育的能力之一。在發明地圖之前，有誰會知道我們的地形是怎樣的？有誰會知道中國像一隻公雞，意大利像一隻靴？

以 Moto 司機為職業的非洲人也是基層人士之一，他們不像我們這般幸運地學過怎樣看地圖，但這不代表他不能勝任自己的職業。許多在盧旺達做司機的人對地圖完全沒有概念，但基本上整個城市甚至整個國家的地方都懂得去，只要你用他懂得的方法告訴他目的地。地址和地圖一樣是人類的發明，不是這個世界與生俱來的東西。跟一個司機說你要去甚麼甚麼街幾多號，只會讓他充滿疑惑，但你可以告訴他我要去哪一間商舖門口、去哪一間銀行與書店的交界、要去某酒店對面的油站，這些符合本地人的溝通方法的指示都能夠把你安全送到目的地。所以跨文化溝通最困難的地方往往不在於語言本身，而是在於我們對那種文化的理解和認識。

在我離開了盧旺達之後，市場上出現了一個類似 Uber 的公司。據聞還未全面投入服務，已經面對不少乘客和司機的投訴。正如我所想的，乘客嫌車費太貴，司機嫌賺得不夠。作為一個相對誠實的民族，即使一個外國遊客在街上隨便截下一架普通的士也不會有人身安全或被收取過高車資的問題。我倒是很有興趣繼續留意這間公司的發展，看看未來的盧旺達是否真的有需要用到這個 app。

#15

外國人養的狗會歧視人

我在盧旺達兩年多來，身邊最愛、最不離不棄的，始終是小狗 Buster。

牠應該十一、二歲了，我很明白他這個年紀隨時都會離開。牠在肯亞的時候被當時的主人拋棄，同事 Andy 在一個荒廢了的露營營地找到牠的，所以不知道牠實際年齡，只能靠獸醫判斷。那麼，Andy 為甚麼決定把牠領養回去？

「不是我選他的，是他選擇擇了我。」

Andy 說，他只是剛好經過 Buster 所在的營地散步，逗 Buster 玩了一會兒後牠便一路跟着他，最後 Andy 就把牠抱回去，讓牠有了新家。Andy 隔了幾天才為牠洗澡，不知牠被遺棄了多久沒有人照顧，一洗澡之下牠才由灰色變回白色，大家還一直以為牠本身是一隻灰色的狗狗！

我最喜愛的毛孩 Buster！

後來 Andy 由肯亞公司調到盧旺達公司，帶着 Buster 一起來了。出發前他為 Buster 辦好了所有手續，甚麼寵物打針卡呀、跟有關政府部門登記入口動物呀，他都全做好了。誰知道他們從陸路過境時，Buster 剛好在車廂座椅下捲起來睡得正甜，邊境的海關又剛好看不到，Andy 就由得 Buster 繼續睡，本來整理好的一大堆文件都無用武之地。

就這樣，Buster 成為了盧旺達的非法入境者，在盧旺達和我相遇。

做狗也別投胎到盧旺達

在盧吐達不常看到本地人養狗，投胎投到這裏做一隻狗也絕對不是好事。雖然沒有聽說過吃狗肉之類的事，但基於本地人對狗隻行為不認識，所以在鄉村地區人們向路過的流浪狗擲石頭是很常見的，也有聽說過市區內有人虐待狗隻的事件。

一部分盧旺達人對狗的態度，與大屠殺歷史有關。當年住在盧旺達的外國人被各自的國家拯救和撤離的時候，很多白人可以帶着寵物狗上飛機離開，卻連身邊的本地傭工，活生生的一個人都帶不走。眼看動物都可以逃難，自己則被留下來面對死亡，難怪現在的人對狗隻或所有寵物都沒有好感。更何況，在大屠殺期間，人的屍體因為暴露荒野長久而被狗隻吞食，也並非罕見。

今時今日在這個國家做一隻狗，當然沒有以往那麼被痛恨，卻也不見得幸福。被棄置在街頭或虐待的狗隻不少，我也親眼看見過本地人拿着幾隻剛出生不久的小狗向外國人兜售。聽聞有些更可惡的人會刻意把小狗弄傷，藉此博取外國人的同情，而能夠開價更高把小狗賣出。有朋友以前在鄰國烏干達居住，那邊的本地人也知道外國人喜歡養狗，如果執拾到狗隻而不打算賣出獲利的人，便乾脆把小狗拋入外國人的後花園裏，因為他們知道外國人總會收留這些狗隻的。

我們宿舍內的毛孩全家福。

我們公司住在郊區的外國人所養的狗算是非常幸福的。不用帶狗帶，自己隨便在整個山頭自由玩耍，生活環境又盡是花草樹木，是真正的親親大自然！不過牠們還是會怕村落裏的小孩。那些小孩們不懂事，因為害怕狗而有時候向我們養的狗掉石頭；牠們因此不喜歡也不會親近黑人小孩，卻被人取笑「這些白人養的狗學會歧視黑人了」。

差點喪命的 Buster

只是萬萬沒有想到，Buster 住在我們這個飽受老外們疼愛的村落內也不能倖免於難。

事發的那個晚上，我正在用晚餐，收到同事 Ben 的電話，語氣非常沉重：「嗯，那個……我有事要和你商量一下，關於 Buster 的。」他接着解釋道，Buster 在他那邊受傷了，剛才還暈了半小時，他要不要先讓 Buster 在他那裏休息，晚一點才把牠送回來。

原來 Buster 不知為何向着我們其中一位保安員吠叫，而那位保安員大概是害怕和出於自衛的心態，揮棍大力她打向 Buster。同時 Ben 剛好經過，目擊了 Buster 被打中的一刻，看到牠昏迷在地上，有差不多三十秒的時間完全失去知覺，還以為牠死了。

Buster 醒來後有大概半個小時的時間不能正常走動。同事在電話上告訴我發生甚麼事時，我聽着聽着忍不住哭了出來，真的很擔心牠會否就這樣被打死。我們驚慌地在討論着該怎麼做，遠在郊區的我們又想是不是應該立刻坐三小時的車程到市區看獸醫，又擔心這裏的動物醫療標水平不足而不能救活 Buster（對於救人的醫療水平都有疑問，更何況是救動物的）。

慶幸半小時後牠似乎回復正常。我整晚都睡不好覺，半夜多次醒來，都在檢查 Buster 是否仍有呼吸，是否仍然活生生。第二天我也和獸醫通了電話，以及把 Buster 的一段影片寄給她。她說 Buster 看來正常，也告訴我有甚麼病徵需要留意。如果牠出現食欲不振、比平時需要更多睡眠或更難於走動的話，就可能要帶牠去看獸醫，因為這代表他腦部所受到的撞擊可能帶來了更嚴重但未有即時顯示出來的傷害。

才幾天之後，Buster 已經顯得完全痊癒了，行為舉止看來全無異樣！但我其實仍然挺擔心的。換着是人的話，也可能在頭部受過撞擊後沒任何病徵，卻留下了長期創傷。是我心理作用，還是 Buster 腦袋真的被打壞了，牠近來總好像不及以前活躍。每次牠在大白天睡覺時我都不由自主地觀察他，確保他還是有呼吸的。有次牠應該是在發惡夢吧，睡覺時四肢抖陣，有點像牠剛剛被打暈後的情況，我又馬上擔心起來，馬上擾人清夢把牠搖醒，又要確保牠還是活着的。

我和 Ben 以及其他同事都就這次事件討論過處理方法。我們沒有人知道到底 Buster 和那位襲擊牠的保安員究竟發生了甚麼事。也許當時牠只是聽到村落內其他的狗隻吠叫，所以在回應；也可能是因為我們的保安員對牠有甚麼挑釁的行為而引起這樣的反應。我們這裏的工作人員都應該已經習慣了我們外國人所養的狗隻，所以當知道這位保安員竟然用棍大力地打向 Buster 時，我們都十分震驚。為了保護牠以及其他狗狗以後在這裏的生活，我們都慎重向公司反映意見，讓人事部警告這位「犯案者」，同時也向一些不熟悉狗隻行為的同事提供了基本的資訊，希望大家最起碼能夠與狗隻和平共處。

Buster 有時候喜歡跟著我到公司去，我在室內工作時，牠就在外面草地上放空或小睡。

雖然內心仍然有點憤怒和擔心，但我能理解本地人對寵物不像我們外國人這麼熱衷。不要說因為有大屠殺這種歷史因素，單單是在一個貧窮的國家，當人們都為填飽自己肚子而苦惱的時候，那些不知人間疾苦的外國人居然去照顧區區一隻動物，而這些狗所吃的狗糧還可能比人吃的東西貴出好幾倍！易地而處，如果我是三餐不繼的話，也會對別人養的寵物狗存有惡意吧。

以前經歷過被遺棄的日子，近日又被人欺負，所以 Buster 牠現在變得特別黏人。我由鄉村出城時，也有時捨不得把牠留在村落，還讓他和我一起坐三小時的車到市區過週末。如果能夠和動物溝通的話，真想知道牠寧願留在這個村落自由奔跑，還是捱過那三個小時艱辛的路程也要陪着我到城市去。

#16 —— TIA —— 讓人抓狂的小確幸

還未來盧旺達工作之前，我已經在東非旅行了一趟。很記得在坦桑尼亞乘搭內陸機的一幕：乘客們陸續踏入機艙，空姐站在那裏，手裏捧着一包薯片，送入嘴裏一口一口地咬着，發出脆口的薯片粉碎的聲音。乘客們拿着登機證在找位置，有些人發生了小爭執。「你坐了我的位置！」、「不，這裏無劃位的，可以隨便坐！」被搶了座位的乘客不忿，向「薯片空姐」求助。空姐一副「你打擾我吃東西了！」的口吻說道：「這裏是不設劃位的，隨便坐下吧！」(it's free seating, just pick a seat!)

事隔一年多，我回到了這片土地，這片充滿了神秘色彩、充滿美麗的大自然和動物的地方，繼續經歷這裏大大小小各種令人抓狂的小事。我馬上調整心態，準備面對讓我抓狂的「非洲模式」。而這個模式，從在香港踏上飛機那一刻便開始。

機艙裏走在我前面的肯亞女孩（聽口音估計是肯亞人），用了超過一分鐘去整理和擺放好她的行李。在分秒必爭的香港，把後面排隊的人拖延一分鐘是大罪！我後面的香港人很不耐煩，我卻不忙不急的。十三小時的飛機，為了行李慢了一兩分鐘，對我來說是沒有分別的。

肯亞航空，雖然在運作方面是正正常常的一間航空公司，有時候也有推廣香港去非洲的超便宜機票，但飛機餐實在是很難吃得下去。不用說，我馬上就想念香港的食物了，但在沒有選擇的情況下也只好以果腹為目標把食物嚥下去。

空姐派飲品，有少許倒瀉了我的衣服。她道歉也沒一句，又或者她根本沒留意到。在香港我應該會有些生氣的，但在一間非洲航空上，我也懶得說甚麼。嗯，沒錯，我對這裏的顧客服務已經完全放棄而且不存任何寄望，連給他們一些真心的意見回饋的精力都省卻了。

還有許多令人啼笑皆非的事，恐怕不能盡錄，唯有希望能盡量記下來，讓自己老了的時候回顧這幾年的非洲生活也能會心微笑：

- 飯桌、書桌等，十中有八九是「四肢」不平穩的，總是搖晃的。每每一坐下就要找張紙來墊着它的腳。
- 房間內的每個燈掣都不是位於同一高度，我那個萬事要求完美的非洲王子朋友完全不能接受（請看「非洲王子」那篇章），常投訴每進一個房間又要花時間去找開關掣。
- 超市排隊，如果其中一條隊有問題，讓後面的顧客等了很久，他們不會開一個新的櫃檯或安排顧客到另一條隊付款，而是讓你繼續等。
- 在餐廳點餐，大半小時後侍應才慢條斯理地來告訴你沒有你要的東西，然後你再點其他東西，再等一個小時才上菜。在這裏，一個小時是正常等候時間，如果一大班朋友多於五六個人的話，請預留兩個小時等上菜。即是說，想七點半吃飯，大概六點、六點半左右到達餐廳點好餐就差不多了。
- 又是在餐廳：我要可樂，朋友點了芬達；侍應問我要大樽的還是小樽的。我問他有多少分別，他說大的八百毫升，小的五百毫升。我說，那要小的吧。然後他說，對不起，可樂沒有小的。
- 當你發現蚊帳是不能完全隔絕所有昆蟲時，那蚊帳是用還是不用？
- 吃飯時發覺飯裏隱藏了一隻已死掉的不知名昆蟲。通常剛來的人會整碗飯倒掉；來了好幾個月或一年左右的人，會把昆蟲拿掉然後繼續吃（這通常是我的做法）；聽聞已經

這是我在首都基加利見過最見不得人的街道情境；一座倒塌了需要被拆卸的大樓和整潔的街道相映成趣。除了非洲或者發展中國家之外，也很少見到這樣被棄置的倒塌建築物，TIA ！

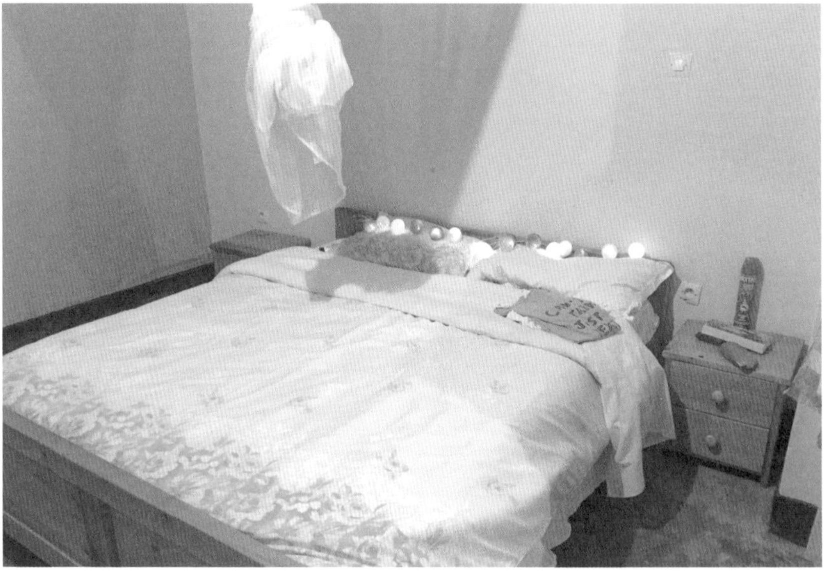

找亮點：很明顯這張圖的重點不在於那些燈，而是住在這裏我不可缺少的兩樣東西——保護自己睡個好覺的蚊帳，還有必要時用的殺蟲水。

在這裏住上三五七年的人，就索性連昆蟲吃掉，補補蛋白質。

- 身上常有各種不知名的蟲咬，所以每次從香港入貨時多帶些無比滴、萬金油等等。
- 網上購物，送到本地郵局後發覺包裝被打開了，裏面東西被偷了。向郵局的人投訴，威脅說我們會報警追究，他們一副「那你報警試試看」的樣子，一笑置之。

所以我們有個流行用詞叫 TIA。據悉有些人把它用作「Thanks in Advance」的縮寫，但在這裏它代表「This is Africa」。可作完整句子使用，可以是一段對話中的短句，也可以當作形容詞。可帶貶義，可以是中性詞語。為了避免政治不正確，我通常只會與熟絡的朋友使用，並用說笑形式來蓋過內心對「非洲模式」的不滿。

打電話去政府部門處理事宜，搞了幾天也得不到答案？TIA！

朋友約好了十二點吃午餐，一點多才出現？不要生氣，TIA。

外國朋友忘記了跟你的約會，就笑着跟他說：「你是不是在非洲住得久了，變得這麼TIA？哈！」

然而，再TIA，原本以為再無稽的事情，我們適應力頑強的人類還是有接受的一天。不知哪一天開始，打開廚房洗手盤下面的櫃時，看到一隻蟑螂。牠看到我，便馬上躲回去水渠傍邊的小洞，立刻消失了。而我，便關上櫃門，繼續煮飯各不相干。只有這樣從容不迫，處變不驚的非洲模式，才能讓我在這裏生活下去。

非洲的生活一定與香港不同，所能夠提供的物質上和經驗上的享受也一定有分別。但許多一開始看來是荒謬無稽或未如理想的經驗，後來發覺其實是讓我更加細細回味的記憶。也許那些讓我抓狂的小事，其實也是一種讓我成長和知足的小確幸。

這裏蛇蟲鼠蟻奇多，看到大門這樣的情景，你夠膽開門入屋嗎？

#17——

有錢人才在運動場跑步

日常生活中的大小事，去到非洲之後都不是理所當然的，例如做運動。

幾年前開始愛上了跑步，特別喜歡在運動場跑。一個圈一個圈地加上去，我覺得很治癒，每次加多一個圈也很有滿足感。

我和朋友說，我再次回到非洲後應該會很懷念在運動場跑步，朋友驚訝地問到，你那邊沒有運動場嗎？其實做運動本身就不是一般非洲人的日常生活之一。對於貧窮的基層人士，本身的工作已經要體力勞動，例如是耕種、搬運或服務業等等。貧窮人家的小孩也是每天需要走一至兩小時的路才能上學，這樣何來多餘的體力再做運動呢？運動這回事，是我們這些在發達地區一整天做文書工作的人才需要做的事。

至於有錢人，則覺得勞動是貧窮人的象徵，所以有錢人出入都用私家車接載，走多一步都嫌啱氣。不做運動，加上飲食豐富，導致身形龐大甚至有癡肥傾向，有錢的非洲人也不介意。畢竟在這些仍然貧窮的國家中，肥胖是富有的象徵，也是美麗的標準。

所以，至少在我所認識的盧旺達和烏干達這兩個國家，都找不到可以讓我跑圈的運動場，在盧旺達郊區居住的時候我就圍着村落跑步。跑小路的話都是泥地沙地，跑起來要格外小心，否則容易踩到碎石而扭傷。在市區裏雖然沒有運動場，但慶幸有一個公園座落在各個政府大樓中間，到處都是警察和保安，所以可以放心地在公園內跑圈，絲毫不用擔心人身安全。近幾年隨着「atheleisure」和時尚運動服的興起，似乎在街上看見多了有錢的非洲人跑步，也不知道是因為對健康的認知加深了還是因為運動變成了潮流。

以職業運動員為生計的非洲人

這個時候大家可能會問，世界馬拉松獎項不都是由非洲人奪取的嗎？這倒也說得不錯，馬拉松的紀錄保持者不就是肯亞人 Eliud Kipchoge 嗎？他不久前更挑戰了自己的紀錄，用新紀錄用一小時五十九分鐘四十秒跑完了四十二公里的路程，成為世上第一個在兩小時內跑完全程馬拉松的人。可惜因為他們那時候用了特別的人力和科技支援，沒有被國際田徑聯合會承認為一個正式的世界紀錄。

從身邊非洲朋友聽來的故事，能夠把跑步當作職業來做的非洲人，大概都是家境貧困的。就像 Kipchoge 這位世界級選手，小時候非正式接觸跑步也是因為需要每天從家裏跑三公里去上學的。成為職業運動員的路，也許只要有毅力的話總能走下去，不像一般高薪厚職的工作需要良好的教育根基。貧窮人沒能上到好學校，從一開始就輸了在學業的起跑線上，但真正跑步的起跑線卻還是能追上的。我懷疑這也像中國內地一樣，有些貧窮家庭會把小孩送去專業的運動或體操學院，好讓他們日後成為職業運動員，起碼不愁生計。

至於非洲人的基因跟我們不一樣，有天生優勢，讓他們更會跑步，跑得更快嗎？非也，這是因為別人在海拔高的地方訓練多了，在比較稀薄的空氣下練出好「氣量」，然後來到舉行馬拉松比賽的城市大多是在水平線的，比平時練習時多了那麼多氧氣，比一般人跑起來輕鬆多了。我自己後來在烏干達居住時也在那個海拔九百米的城市練跑，之後到土耳其首都伊斯坦堡跑馬拉松時，也比平時練習時跑速明顯加快了。

那麼所有人都玩的瑜伽呢？

除了跑步之外，還有現代人幾乎都已經玩過的瑜伽，在盧旺達似乎也專屬於中產階級或以上的運動。我就有一位英國朋友非常熱衷於在盧旺達推廣瑜伽和靜坐等一系列自我探索的活動。她在這裏幫忙管理一間瑜伽中心，主要針對盧旺達客人，沒有固定收費，以捐贈形式營運。但基層盧旺達人完全沒有聽過瑜伽這回事，瑜伽墊更應該是從沒見識過。

朋友想用本地色彩鮮艷的非洲布料做個瑜伽袋，她把瑜伽墊一併拿到市場去，讓人可以照着她的瑜伽墊量度出最合適的瑜伽袋。她用流利的法文與那個也會說法文的本地人解釋她要甚麼，要怎樣量度、要在布匹的哪裏開兩個洞等以縫出她想要的包包形狀。

應該是在「開兩個洞」這一句說話裏出了誤會，就讓悲劇發生了，就讓一塊貴價質地好的瑜伽墊這樣白白犧牲了。

TIA。

被無辜剪開了兩個洞的瑜伽墊。

#18——

村落裏的娛樂節目

在東非國家裏，即使在首都城市，也未必提供到一般發達國家的各種娛樂節目，更遑論居住在村落裏。

首先，在鄉村那邊當然沒有逛街購物這項目。很基本的日用品或者簡單的食材，可以在附近的小村落甚至稍為大一點的城鎮買得到，但如果真的要逛街，例如購買衣服、家居裝飾品、逛書店的話，這些都要坐兩個半小時的車程到首都去。

至於看電影，這個在村落裏可以辦得到。這裏當然沒有戲院；其實整個盧旺達就只有基加利一所間戲院而已。至於在鄉村裏，要求不高的，在自己手提電腦上也是可以串流看Netflix的。但我們的共用設施內，包括了投影機，所以我們不時都會聚在一起，自己籌備個「電影之夜」，一邊吃爆谷，一邊看電影，氣氛挺不錯的！

甚麼？可以串流看電影？

沒錯，我們住在公司提供的住屋內，連無線上網也是免費提供的。畢竟公司辦公室就在我們村落旁邊，反正在辦公室也要提供上網，把範圍覆蓋到我們住屋那邊也沒分別了。

至於速度嗎，這個就看運氣了。有時候網絡良好的話，我和身在香港及澳洲的家人視訊通話，我盧旺達那邊的速度反而最快。但有時候隨便一個狂風暴雨，就可能破壞了網絡上的某些訊號塔或者弄斷了我們那邊的電力，那就可能幾小時甚至一兩天都沒有無線上網。當然還可以用手機數據上網，但視乎你在村落內哪一個位置，總有些死角位置是幾乎完全接收不到數據信號的。當朋友在香港投訴電話左上角的 4G 顯示變成了 3G 時，我們在非洲則常常出現「E」。原來很多人都沒有見過這個「E」字呢！這代表着接收不到數據訊號，上網速度變得奇慢，甚至完全不能上網，但打電話還是可以的。

#19

回歸基本的 offline 娛樂

停電或者沒有訊號上網時，還有甚麼娛樂？這時候我們一班「非洲人」，就要懂得回復到一些稍為原始的娛樂節目了。可能只是一班朋友坐在一起聊聊天，和我們養的幾隻狗玩，或者玩桌遊或啤牌。

有一些朋友，特別是盧旺達人，則比較喜歡一群人到酒吧喝酒聊天。在鄉村所謂的「酒吧」，就只不過是一間本地餐廳在入黑之後，把燈光調暗一點，把音樂聲量校大一點，讓大家聚在一起的一個地方罷了。但這不正是朋友們相聚的意義嗎？沒有華麗的裝修、也沒有過於高調、裝模作樣的雞尾酒，但喝着也許不太好喝的本地啤酒，朋友們同樣可以酒後談心。

至於想跳性感辣舞的話，這就要回到首都基加利的的士高了。如果用人的性格來形

下班後和同事到村落裏的小「酒吧」聊天。

容不同城市的話，基加利在整個非洲來說是一個相對內向和寧靜的首都。身邊許多喜歡夜夜笙歌的外籍朋友，都嫌基加利的夜生活太遜色了，但對我這個甚少出夜街的人來說，已經很足夠。

我們一群同事在鄉村也很懂得自娛。在某些朋友生日，或者萬聖節這種日子，我們都會藉機搞一個人型派對。某些同事開放自己的住屋讓大家來一起飲酒聊天，黃昏時候對着那美麗的湖景喝着一口雞尾酒，入夜之後亮起從外國帶回來的燈飾，用藍牙喇叭大大聲地播放派對歌曲，有一年甚至有同事從美國帶回來了一盞像的士高內的彩色旋轉燈，整個恬靜的盧旺達郊區山頭就被我們這群年輕外籍人士的瘋狂派對給破壞了。

有時候我們會到村落裏的路邊小餐廳吃燒羊肉串。

村落裏的小孩用免費的木材自製滑板車；我向他們要滑板車來試玩，卻完全平衡不到。

同事們自製的懷舊主題狂野派對。

那有沒有一些不太狂野的娛樂節目呢？其實我們在村落內並非像以上所說每晚都夜夜笙歌，而且像我這種喜歡簡單生活的人，平日更享受自己一個在家裏寧靜的時刻。如果週末選擇留了在村落那邊，就會在陽台看看書，喝喝茶，聽聽音樂。有前輩同事很久以前買了個電子鋼琴，離開之後仍然把電子琴留在我們的飯廳裏，我有空時也會去彈彈鋼琴。

在首都偶爾會有一些文化節目或者嘉年華等等，例如是一些本地歌手選拔賽（還記得那次在台上看到的男歌手是我第一次被盧旺達男士吸引着呢），或者像香港也有舉行的 blanket and wine。

在基加利的公司所提供的住屋附近，有整

本地歌手選拔賽，可以說是盧旺達版本的 America's got talent。

感激前人留下來的電子琴，讓我閒時可以彈彈琴，使我在工作壓力大的情況之下也可以放鬆一下。

同事們多年以來合力貢獻組成的自家圖書館。

看上去與一般保齡球場無異，如果不刻意走到後面去看，也不知道他們是用人手來整理保齡球樽的。

個盧旺達唯一一個保齡球場，我間中也會和朋友到那裏以非常實惠的價錢玩上一整個下午。那個保齡球場表面上與一般保齡球場無異，但留心一看，發覺在球場的另一端，負責把保齡球樽重新整理擺放好的，並非我們一般所見的機器，而是全部用人手整理的！我和盧旺達朋友說這真是讓我大開眼界，他還反問我，你們其他地方的保齡球場不用人手整理保齡球樽嗎？

很多人擔心我去到非洲，是否過着沉悶和艱苦的生活。在這裏當然有某些第一世界的娛樂和設施是在這邊享受不到的，但正正因為沒有奢華的享受，才讓我確切地感受到簡單事物的美好。以前聽人說，甚麼要欣賞身邊的一花一草一樹一木，甚麼要抬頭看看藍天白雲，感受微風輕撫過我們的肌膚，我還覺得這是作家和詩人才有的情懷，太過矯情，甚至有點虛假……直至自己來到這個貼近大自然的地方，親身體驗到這種不能保證隨時都有水有電有 Wi-Fi 的生活，才確切地感受到，香港那種營營役役的生活，原來讓我忽略了身邊這麼多平凡而美好的事。

市區內舉辦的嘉年華，忘記了是甚麼主題，但小朋友喜歡玩水、玩盪韆鞦是無分國界的。

#20

與盧旺達男談戀愛（一）

「我希望一年後就可以結婚，成家立室。」就是這句說話讓我決定要和他分手。

他是我公司的同事。我對他的第一印象是那次他和我們一起坐車出市區。那是一個星期五，我們如常在下午出發，希望避開交通最擠塞的時段到達首都基加利，然後在市區過一個悠閒的週末。能夠用公司的私家車出去已經很幸運了，不用擠上公共巴士。那天我還很慶幸車上沒有坐滿人，好讓我在兩個多小時的旅途中可以伸展一下，誰知就在村口的油站碰見了同事 Paul。大家說也順道載他一程，我心裏還很不悅地說又要我這個最矮的人坐後座中間位了。

Paul 上了車後，我們閒談幾句。當時我還算是個新同事，工作不到一個多月，所以我們互相介紹工作的部門和職位等等。「應酬」完後，Paul 就拿出他的書本來消磨時間。還很記得他那本英文書是關於奧巴馬的，我心裏在想，這個男生不但外表長得不錯，好像還挺有內涵。那時的第一印象已經頗正面。

到達市區後，負責開車的同事 Charles 建議大家一起吃晚飯。有本地同事帶路去吃燒魚，我當然馬上答應，因為那些本地餐廳我自己一個外國女生不懂門路，不會找得到好吃的或者價錢合理的。那一刻心裏其實也高興 Paul 會一起去。我不知道那算不算好感，反正就是想繼續認識這個新朋友。

那所餐廳主要是吃燒魚，一整條比東星斑更大的魚燒好後完整上碟，我學着本地朋友直接用手拿來吃，特別滋味。但這種半煎半燒的煮法其實掩蓋了魚本身的味道，又有誰知道這條魚有多新鮮呢？我吃過後沒有腸胃不適已經是大幸了。

那次之後我和 Paul 一直保持聯繫，成了來往甚密的朋友，間中也會約出來吃飯喝咖啡。回想起來還是我主動在 Facebook 找到他的帳戶，也是我主動問他要電話的呢。也不知自己甚麼時候開始變得這樣主動了。

過了幾個月後，有一天我們在週末相約到湖邊的餐廳吃飯。在湖邊約會聽起來是多麼浪漫的一件事！而的確，我在盧旺達的生活經常都是這麼浪漫的。女生就是有這麼一種直覺吧，我就知道那天是我們會在一起的日子。不是甚麼特別的節日，也不是甚麼相識一百天，就純粹覺得，是時候了。

我們在湖邊待了很久，一整個下午差不多四、五個小時。我這個在感情方面算是挺爽快的人，對於 Paul 的支吾以對反而感到不知所措。他一直在遊花園，是害羞嗎？一直在問一些不直接但明顯與我們的關係有關的問題，例如問我覺得與非洲人談戀愛會否有問題，又或者與公司同事談戀愛會否不合適等等。遊了一陣花園，我就很乾脆地說，我們坦白點吧，我喜歡你。

幸好他還沒有害羞到一個讓我們 dead air 的程度。他也馬上回答說，我也喜歡你。

我們就這樣在一起嗎？我以為就是這麼簡單的，但明明大家已經表白了，又已經討論了一些關於旁人目光的問題，但卻不像偶像劇那般的情節發展下去。離開湖邊的時候，他沒有意欲要拖我的手，我們直到當天晚上說再見時連個擁抱也沒有。如果我太主動的話，是否在文化上有點不合適呢？會否把他嚇怕呢？算了，就慢慢來吧，來日方長。

#21——

我們有名錶，非洲人有時間

常說要知道一個國家有多發達，就看看每天能做多少件事。香港在發達國家之中步伐特別急促，從歐洲來這裏公幹的人到銀行處理事情，都驚訝我們香港人幾乎能夠馬上給他把事情辦好。至於在盧旺達嗎，大家就不得不放慢腳步了。

我在盧旺達最好的朋友常說：你們有錢人有的是手錶，但我們非洲人有的是時間。Just take it easy! Well，讓我想起陳奕迅的「過去十八歲沒帶錶，不過有時間……」但對於朋友「take it easy」的風格我不能苟同。

等，總是在餐廳等……

最能感受到這緩慢的步伐就是在本地餐廳。在香港，等上菜等了十多分鐘就開始投訴嗎？在這裏，如前文所說，半小時內能夠上菜已經是光速了。基本上本地餐廳都要用上一小時才能上菜。我經常幻想——但從來沒有勇氣真的這樣做——我應該走到廚房裏觀摩，站在那裏給他們一點壓力，貼地了解一下為甚麼上幾道菜要一個小時。是我點了餸你才開始種菜嗎？

這個問題的解決辦法有兩種，而我選擇的方法比較正路，就是從此去餐廳吃飯學懂了要預留一個小時，切勿等到肚餓的時候才叫餸，否則餓死了都沒得吃。我其中一位朋友的解決辦法則是用錢——難怪都說錢能解決的問題就不是問題。這位朋友喜歡在向侍應點菜時把大概二十港元的小費放在桌上，跟侍應說，如果你能夠令廚房在二十分鐘內上菜，這些小費便是你的。這個方法偶爾奏效，但個人不太喜歡，總有點看不起本地人的感覺。不過可笑的是，既然你能夠做到二十分鐘內上菜，那平時用上一個小時是為甚麼呢？

不同公司不同步伐

我們公司是美國公司，在公司嚴謹的招聘條件以及對員工的專業訓練之下，令我們的盧旺達同事也得跟上一般西方國家的工作步伐。雖然這些盧旺達人在個人生活上仍然是慢條斯理，但我也敬佩他們能夠做到在工作上配合我們其他人的步伐。說好這份報告是星期五要遞交，他們就當真星期五做好。說好某個會議是下午二時開始，大家最多就遲到五至十分鐘而已，這在香港也算是一個可以接受的遲到時限吧。最讓我無奈的就是我的盧旺達好友，一旦離開了工作環境，在週末的時候以朋友身份約出來吃飯時，他就非要遲上半至一小時不可，堅守他自己的步伐與原則，而我卻被氣得七竅生煙。TIA!!!

雖說我們是個聯合國般的工作環境，但我們的效率可是比聯合國高得多了。話說我那位在盧旺達聯合國某部門工作的香港朋友，總是在抱怨他們公司那散漫得令人難以置信的工作態度。他們有本地同事，也有來自其他非洲國家的同事，但在非洲大陸以外的，就只有他本人和他的英國人上司。他也不想以偏概全地形容來自不同國家的非洲同事，很可惜，事實就是所有非洲同事都非常散漫，完全沒有工作效率可言。每天不知幾點才回到公司，大概早上十一點左右就到了小休時間，大家都會聚集在茶水間喝咖啡。喝杯咖啡喝上了一個小時多，然後時間不知怎麼過的，又來到了下午一時的午飯時間。午飯之後回到座位，吃飽後自然工作效率大大下降，然後混水摸魚，隨隨便便地渡過一個下午，不知不覺就來到了放工時間。

看到這個在旅遊車上的貼紙，也叫我哭笑不得。我們香港人骨子裏有着做事效率高的文化，正正是因為非洲人你們太 no hurry，我們才 worry 呢！

更匪夷所思的是，這些非洲同事經常開會遲到，甚至完全不出席，但不會預先告知。有時直接完全消失在這個時空裏，事後也不會道歉，情況已經嚴重到一個連英國人上司都管不了的地步。聯合國作為一個國際政府機構，究竟拿了全世界市民所立的稅項做了甚麼有意義的事呢？準確一點來說，也許我朋友身邊的非洲同事並非工作效率慢，是根本完全沒有工作，有何效率可談？

我不完全反對放慢步伐。畢竟香港人的步伐的確是太快了，所謂工作是做不完的，有時真的沒有需要為趕而趕。但放慢步伐不等於做事沒有效率，明明可以在短時間內完成的工作卻要拖長來做。就像我以前那個西班牙人老闆，他也很優哉游哉，但這並非因為他慢條斯理，反而正正是因為他做事極有效率，所以每天在官方放工時間五時前他根本已經做好了所有工作，樂得休閒。

我真想告訴我的盧旺達好友，沒錯，你有的是時間，但你有的是你自己的時間，實在沒有資格遲到、刻意放慢腳步，來使用別人的時間。

#22

你的名字，我的姓氏

中國人有着深奧的改名哲學，要甚麼看八字的、選筆劃的，名字總是頗有意思的。盧旺達人又是怎樣為小朋友改名的呢？

在這裏可以說是簡單得多了，通常是順應着小孩出生的時候周遭所發生的事情。不少人的名字意思是下大雨、打雷、陽光等等。這些以天氣或大自然來命名的也不算太奇怪，即使是中文名字也會有雨、風、陽這類型的字眼。但盧旺達人用的不只是大自然的現象，名字可以是來自生活上其他東西，例如有人的名字意思是流浪狗，就是因為出生的時候屋外有許多流浪狗經過！

另外，我也孤陋寡聞，以前從不知道有些國家的文化中，名字內是沒有分姓和名的，而盧旺達就是其中之一。盧旺達人的名字也有兩部分，看上去有點像一般西方人的名字，但他們會稱之為 first name 和 second name，而不是姓和名的分別。譬如有人叫 Brad Pitt 的話，這並不代表 Pitt 是家庭姓氏而 Brad 是家人為他起的名字，而是兩個字都屬於他的「名」，嚴格來說沒有「姓」。

盧旺人很多名字的其中一部分是英文或法文，另一個字則是本地盧旺達語，例如 Jean Ngabozima，Jean 可以是個英文名字，用在盧旺達的話就通常是用法語讀音，讀成了像「Shawn」這樣的發音。Ngabozima 這又長又難以發音的字就當然是我不懂的盧旺達語，我亦理所當然地以為這是姓氏，後來才知道這是他第二個名字。所以我一開始誤會他們像香港人那樣起一個外國名字而同時保留本地姓氏，例如 Chris Wong、Jennifer Chan 等等。

我的盧旺達前度男友叫 Paul Gisa，他讀小學的時候名字只是「Gisa」一字。學校老師要求他多加一個名字，叫他午飯時間馬上回去問父母。Gisa 當時就很喜歡一位叫 Paul 的足球員，決意要加上 Paul 這個名字。他在午飯時間踏出校門後，在附近自己流連了一會兒，回到學校後就跟老師說，父母給我加了 Paul 這名字。老師還問他「真的嗎？」，Gisa 就堅決說對，這是父母剛剛說的，從此他的名字便是 Paul 了。

既然只有名而沒有姓，在盧旺達每個人與他的父親和兄弟姊妹就不一定有相同的「姓氏」，即是沒有相同的 first name 或 second name，從名字上完全看不出家庭關係，但當然這也是有例外的。如果你來自一個上流家庭（例如盧旺達總統和他的家人），那便要學其他文化那樣保留父親或跟隨丈夫的姓氏了，否則怎可顯得家族的尊貴呢？

在廣東話裏我們說「不怕生壞命，最怕改壞名」，而在盧旺達就剛剛相反，起名字是最容易不過的事了。當我們覺得他們兒戲時，他們會否也覺得我們對名字執着很無稽呢？雖然說名字是跟你一輩子的事，但畢竟只是個稱號，能代表你這個人的本質嗎？不論改了多好聽多有意思的名字，我們還不是「張三李四」、「那個某某」這樣互相稱呼嗎？對着地位權力比你高的人，你會說甚麼先生小姐。與你很要好的朋友，大概已經被你起了個暱稱。有家庭關係的人，你就用關係來稱呼媽媽、爸爸、表哥、表姐等等。與你不相干、不重要的人，你沒必要記着對方的名字。

看來名字和金錢一樣，只不過是身外物呢！啊不，還是有分別的：金錢你帶不進棺材，名字反倒可以永遠烙印在你的墳墓上。嗯，也許我錯了，名字始終是很重要的。它不只跟你一輩子，不只是塵世間的東西；它超越生死，連你離開這個世界後也沒辦法抹去！

#23 非洲的飲食滋味

民以食為天。很多朋友都問我在盧旺達是吃甚麼的、我習慣那邊的飲食嗎？老實說，這邊真的沒有甚麼好吃，吃本地菜真的吃得有點悶了，我也是因此才認真開始學習煮飯。

對於公司每天免費提供盧旺達式自助餐（Rwandan buffet）午餐，我還是覺得幸運的。雖然不太喜歡吃，但看到附近村落吃不飽的小孩總在遠處看着我們有沒有吃剩的，讓他們可以撿，我就不好意思埋怨了。以前沒有想過，在電視上看到那些吃不飽的非洲小孩，可以活生生的站在眼前，讓「貧窮」這個詞語變得那麼真實。

沒錯，他們稱之為 buffet，但當然和我們平日講的 buffet 有天源之別。嚴格來講，buffet 即是自助餐，那麼 Rwandan buffet 確是沒有用錯詞語，的確是自助的。通常有四到五樣選擇，不外乎是白飯、薯仔、薯條、香蕉、豆、茄汁等等，高級一點的會有牛肉或椰菜，但遠不及我們煮得好吃。在盧旺達，除了在首都裏可以找到各類西餐、cafe、甚至中菜、韓國菜等等，住在首都以外的本地人都只負擔得到盧旺達式自助餐。

在公司所提供的員工午餐。有時候廚房職員會幫忙事先裝好一碟碟，讓員工放飯時馬上有得吃。

我來這邊生活後吃的第一餐Rwandan Buffet，在遠離Kigali的鄉村內吃的，盛惠港幣四元。

飲食文化與國家發展

盧旺達的飲食文化如此簡單，甚至沉悶，我認為可以歸咎於這個國家的發展程度。對於一個貧窮國家來說，首先在食材方面選擇已經不多。鄰近湖邊的居民也許可以吃到魚類，但一般郊區的窮人，就只能接觸到最基本的農作物，如上面所提及的白飯、薯仔、香蕉等等。

以前以為貧窮純粹代表吃不飽，來到這裏才明白到貧窮也代表沒有精神和時間讓這個民族發展出更精緻的飲食文化。作為遊客的話，在基加利可以接觸到一些比較高檔次的本地餐廳，但那些都是很近期由中產或以上的盧旺達人發展出來的概念，好讓比較有錢的本地顧客可以有更高級的飲食享受。但以我在鄉郊住了兩年半的經驗來看，真正大眾化的盧旺達飲食是非常基本及簡單的。除了食材簡單外，煮食和上碟方法也普通不過。不似中華飲食文化，有煎、炒、炸、泡、燉、燜、燴、蒸等等各類型烹調方法，在盧旺達基本上所有東西都是開水燉煮的，慶幸有錢買肉類的話就可以吃到用炭爐燒烤的串燒。連烹調方法都未有時間研究多幾款花樣，更遑論上碟時的外觀和裝飾了。

但即使再窮，每個地方獨特的氣候和泥土的營養也總能夠為人類提供一些美味的蔬果。我認為盧旺達的主食不豐富，但水果類可說是比香港豐富得多了。我在這邊吃到的芒果、菠蘿、熱情果等等，是我一生人吃過最好味最鮮甜的。一直以為自己不喜歡吃芒果，原來是因為還沒有遇過好的呢！另外，牛油果也是這裏唾手可得的食物之一。如果要用買的，大概一兩元港幣已經可以買到，運氣好的話在街上隨便也可以拾到從樹上掉下來的牛油果。在我們公司的牛油果樹就為所有同事提供了許多免費牛油果，不單止是免費的，更是我見過最大的牛油果。相比起來，在香港或美國要用兩三塊美金才買得到比拳頭還要小的牛油果，喜歡吃牛油果的人在盧旺達就真的有福了。牛油果多得有時候掉下來都沒有人去撿了，就讓我們的狗狗隨便吃吧。（狗主們要注意：我也是後來才知道狗不應該吃太多牛油果的，不過我們公司的幾隻狗吃了這麼多年仍然身壯力健。）

雖說這個國家貧窮，人民有時候甚至吃不飽，但相對份量來說，他們的飲食中所能夠提供的營養確是出奇地均衡。首先，飯裏和薯仔等等提供了不少碳水化合物。由於不夠錢吃肉，這反而代表了他們有更多機會接觸蔬果類，從而吸收纖維。另外很多人誤以為蛋白質主要來自肉類，但其實很多豆類和堅果類都充滿蛋白質，所以盧旺達菜裏充滿着豆類，也為我們提供不少高質素的蛋白質、鐵質。不幸的是，盧旺達仍然有一至兩成的女性及小孩面對鐵質不足的問題，可見他們在飲食中吸收的營養種類雖齊全，但份量仍然不夠。

透過食物交朋友

飲食除了用來維生及提供營養外，當然還有很重要的一環，就是為人們提供一個社交機會，把人與人拉得更近。不論貧窮富貴，自古以來煮食都不只是填飽肚皮那麼簡單。我在盧旺達與本地人交朋友，其中一項最喜愛的回憶就是大家坐下來一起吃飯的時候。一來可以從飲食中的交流了解不同文化，二來也因為大家可以在吃飯的時候放鬆心情，滿足味蕾的同時也更願意敞開心扉，無所不談。

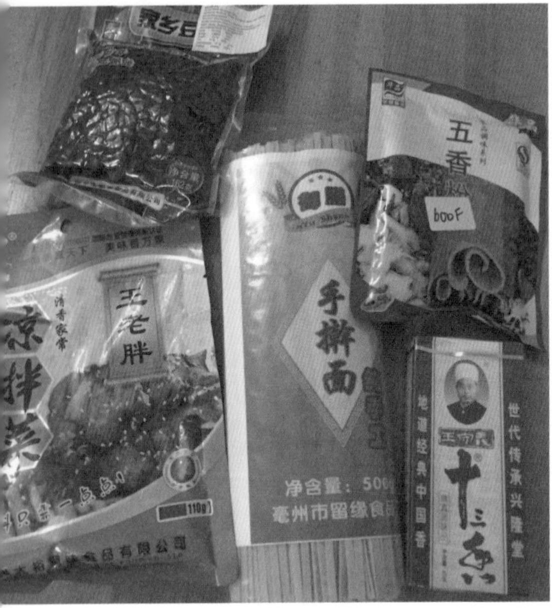

在本地華人超市也可以買到不少中菜材料。

我在朋友家中下廚為他們煮些簡單的中菜。

很喜歡有一次到 Paul 的家裏為他和他的室友煮晚飯。他的室友都是我們公司的同事，我本來也認識他們，後來經常和他們走在一起，這個圈子變成了我最親密的盧旺達朋友。他們相對一般盧旺達人絕對是學歷比較高的人群，也對於一般西方人的習慣和思想比較有認識，所以和他們比較容易談天說地，我們甚至也可以對經濟、政治、文化等話題作出深入的討論和意見交流。不過可惜的是，即使認為我們是好朋友，他們對於種族大屠殺的事都是三緘其口。我到後期跟他們再熟絡一點，要在一對一的情況下才能問得出一些與大屠殺有關的話題。

我雖然不是一個烹飪高手，但多得在中國超市買到的紅燒肉調味料——沒錯，是充斥着味精的那種調味料——直接用它來腌雞肉，那我煮出來的肉也不會差到哪裏去。撫心自問我煮的菜還不算太差，但總覺得這班朋友吃得津津有味，一來是因為中式調味料有新鮮感，二來是因為平時我們住在村落都很少有肉吃，所以我只需隨隨便便煮一碟肉便好像九大簋般豐盛。

盧旺達朋友的中菜體驗

有一次我帶這一班盧旺達朋友到中餐廳吃晚飯。在這裏的中餐消費以本地物價來說一點也不便宜，一頓晚飯花上了十五美金左右。幸好我的朋友在這裏都算是中產吧，間中在週末外出吃一餐好的也不為過。

我為他們點餐時想看看有沒有人比較大膽願意嘗試一些非常「中國」的菜色，例如皮蛋（他們說，怎麼這隻蛋是黑色的，質感還要那麼膠）、酸辣雲耳（怎麼又是黑色的膠質物體？）、鳳爪（為甚麼要吃雞的腳？所以我最後沒有點這道菜）等等。

他們不想吃鳳爪也是意料中事，但最讓我驚訝的是，豆腐對他們來說已經很好奇刺激了。原來朋友們這輩子才第一次吃豆腐呢！其實豆類在盧旺達是非常普遍的，只不過是

在中餐廳裏，盧旺達朋友們很努力地堅持要使用筷子吃飯。

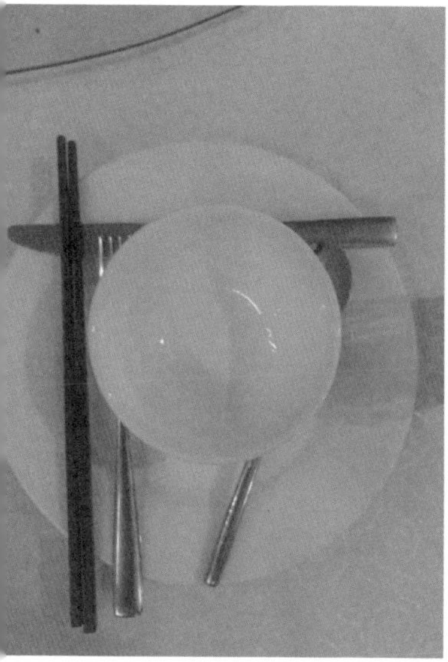

中國餐廳裏的盧旺達職員似乎沒有受過訓練，這是甚麼匪夷所思的餐具擺設呢？

像這種在五星級酒店吃的自助餐，作為外國人慶幸地容易負擔得起，但心裏也知道，可能這樣吃一頓大餐，已經是盧旺達低收入人士一個月的工資。

當地人沒有把它製成豆腐這類豆製品。他們說豆腐是很新鮮的口感，不算奇怪，但也不太特別喜歡。哈哈，你還未試過臭豆腐呢！

盧旺達給了我很多美好的回憶，但抱歉老實說，在飲食方面我真的沒有甚麼懷念的。我希望盧旺達的經濟發展可以顧及到活在貧窮線下的人，好讓他們吃得飽也吸收到足夠的營養；在那之後，這個民族才會有心情和時間研究出更精緻的菜餚吧。

#24 —

港女在東非

有朋自「遠」方來，當然又要帶她到我在整個盧旺達最喜歡的 rooftop cafe。

其實也不是很遠，Phoebe 是由鄰國坦桑尼亞飛過來公幹的。她和我一樣，都過着那種放棄高薪厚職，到非洲追尋理想的非一般港女生活。她以前在投資銀行工作，但希望可以在香港以外探索更多不同的可能性，經大家共同的朋友介紹之下我和她認識了。

當時已經在盧旺達居住的我極力鼓勵她到東非工作，而現在她就在坦桑尼亞一間諮詢公司專門負責一些對社會有正面影響和回饋的專案。作為一位前投資銀行家，這位朋友才是真正的放棄高薪厚職，因為她的「機會成本」可比我多了！

當許多人都以為非洲大陸每個國家都一樣貧窮、一樣危險，Phoebe 的這次盧旺達之旅讓我再一次體會到非洲國家可以多麼的不同，而盧旺達又是多麼的美好和安全。

作為東道主，我開車載着 Phoebe 到處遊玩，經過繁忙道路交匯處的我好像顯得不耐煩……

我告訴她隔天早上我會早些起來自己出去跑步，她問我，這安全嗎？我間中會自己一個人開車，她問我，這安全嗎？

我們晚上一同外出，開車時我把車窗打開了以便通風，她又問我，這安全嗎？其實我也明白，在一般非洲國家，乘車時窗口一定要緊緊關上，否則會有人趁你不留意伸手入車內搶手機。

她住在我「員工宿舍」村落的那個晚上，我為她預訂了距離我家三分鐘步行路程的客房。晚上我送她回房，再自己在漆黑中步行回家，她再問我，這安全嗎？

原來我在這裏每件日常生活小事，在她這

獨自在盧旺達街頭行走，其實也很安全。

個坦桑尼亚居民的眼中都是需要小心思量的事。我這才發現盧旺達真的是整個非洲最安全的國家了。有些人說如果要去非洲的話不會去盧旺達，因為這裏發展得不錯，治安和秩序都「很不夠非洲」，感覺不夠冒險刺激。在盧旺達居住的 expat（移居海外者）都很討厭這個說法。一定要危險才是非洲嗎？一定要是貧窮的、凌亂的，才是非洲嗎？這也太看不起非洲了。難道在紐約的貧民區不會覺得危險嗎？難道非洲不可以發展得很好，與其他國家齊名嗎？

這同時也讓我發覺，將來如果有一天離開這家公司和離開盧旺達，我也許短時間內不能夠在另　個非洲國家住了，因為實在找不到另一個我可以晚上獨自在街上走而不需擔心任何人身安全的地方。（雖然我最後還是搬到烏干達居住；這又是個完全不同的故事和經歷了！）

坦桑尼亞和盧旺達固然大不同，但 Phoebe 和我由私人機構轉工到這種與主流不同的工作後，卻有着同樣的經歷：我們都比以前工作更加勤力了、工時比以前長了、壓力也較大了。壓力大了並非好事，這是我倆都需要學習調節的。但可以肯定的是，我們都更願意為工作付出，我們的生活都比以前更開心，因為我們做的事都比以前更有意義。

#25

在非洲的種族歧視

種族歧視是一個從小到大都常聽的詞語，但熟悉這個詞語不等於明白它真正的意思。有如小朋友可能從大人口中聽過「頭痛」這個字，但沒有成為過「頭痛」的受害者，這就只是個詞語而已。更何況種族歧視這複雜的概念，沒有親身經歷過，也就只是個概念。

帶着華人臉孔，只要有出過國的，也許都有稍微經歷過被歧視。我在十六七歲時於英國寄宿學校讀書，雖然沒有任何明顯被虧待的經歷，但也略為感受到英國人同學們對香港留學生的不友善。

那時候的我在校內修讀戲劇課程。學戲劇和學鋼琴原來一樣可以跟着級數考試的。中六那一年，我和一位英國同學二人一組考試，所用的劇本有兩個人的對腳戲。我和這位同學在課堂以外的時間都沒有甚麼交流。雖然在排戲時大家都態度良好，但我總覺得她不太願意和我同一組考試。那時我們一同成功考到了最高等級，但升至中七之後她就要求調至個人組獨自考試。

非洲黑人VS美國黑人

去盧旺達工作之前，我從來沒有對於黑人種族歧視這問題多作思考。在我腦海中，非洲的黑人和美國的黑人完全是兩碼子的事。說到美國黑人，要不就是想起搖滾樂組，要不就是在美國泛濫的種族問題。而非洲的黑人則代表着媒體上所看到的印象：都是關於貧窮、戰爭、饑荒等等。

在非洲住下來後，接觸到幾種面對種族問題有不同看法的朋友。我的好朋友Charles就說道，他曾慶幸自己不是身在美國或西方國家的黑人。「作為一個黑皮膚的人住在白人主導的國家，有甚麼好呢？我在電視和新聞上看到的種族歧視問題實在太可怕了。即使在社會發展和經濟條件來說，美國黑人也許會以為住在非洲的黑人很窮困，不能想像住在非洲是怎麼樣的。但對我來說，能夠住在屬於自己的國家，身邊為着的都是和自己一樣膚色的人，這樣更幸福、更自在。」

這是一個有趣的觀點，我從來沒有刻意思考過這問題。但自從香港近期發生的種種問題，當大家都熱烈地討論移民時，我才發覺這種觀點在自己身邊的人上也用得着。有人覺得香港住不下去了，唯有移民才能向外面的世界尋找新生活。但也有人即使再不喜歡香港的現況，也寧願留下來，不移民到別的國家成為二等公民，不想在異地受到種族歧視。

海歸派黑人在自己地方受歧視

後來我在烏干達遇到另一位朋友，他和 Charles 的經歷大有不同。David 生於家境良好的中產家庭，小時候更在外國長大，成年後也在意大利讀書和工作了好幾年。他說在意大利、德國等地生活時，他不怎麼感受到歐洲人對他的歧視。這是因為他生活的圈子是比較富有並見過世面的歐洲人，所以與黑人相處時更小心避免歧視行為嗎？還是說，這與個人的期望有關：我們潛意識也許知道在外地生活未必能完全融入當地社會，所以有不如意的事情時也許在認知上不會把事件列入為歧視？

令 David 氣憤的，反而是在自己國家受到自己人的歧視。嚴格來說，本地黑人並非要歧視自己人，只是對白人有種崇尚或敬畏心態，就像在華人社會也至今仍然存在的崇洋文化。

我和 David 住得很近，距離大概五分鐘的步行路程。有天我們一起到家附近的超市，我如常地直接進出，完全沒有任何問題。

「你有試過被要求把背包放在儲物櫃嗎？」他這樣問我。

「我從來沒有試過呢，不過我也知道規矩上是這樣寫的。」

在東非很多地方都是這樣，在商場或店舖內，特別是規模較大的超級市場，都有一個放置個人行李或背包的儲物櫃。好聽一點說是讓顧客可以擺放大型隨身物品，不用拿着一起購物。實際上我認為是他們怕顧客身上有一個大包包的話，更容易在超市內偷東西。

但我和 David 社區內的這間超級市場，我特別不情願放下背包。那個所謂的儲物櫃沒人看管，就只是在管理員對面的一個架子。管理員很明顯就沒有在認真管理物品，這個儲物架也靠近在出口旁邊，容易讓外面路過的人偷東西。

「我每次來這裏他們都一定要我放下公事包，就正正因為我長的是黑人樣子，他們總不會對外國人提出這樣的要求。」他有一次公事包內帶有手提電腦，他當然不放心隨便放在那邊。他和管理員理論一番，仍然沒辦法把公事包帶進超市內。他最後整個公事包塞到管理員身上，對他嚴正聲明，保管好這個公事包現在是你的責任！他氣憤地大步踏進超市內，不夠一分鐘，就放棄了購物，回頭又走出來在管理員手上搶過公事包，深深不忿地離開了。始終是烏干達呀！他怎麼會信得過把手提電腦的安全交托到一位陌生人手上呢？

相反，我見過的所有外籍顧客，包括自己在內，都沒有被要求過在這間超市的儲物架上暫存任何個人物品。我唯獨試過幾次的，只是在別家超市買完東西過來後，把從外頭買的物品放在架上，避免別人以為我不付錢偷東西，免卻不必要的麻煩。

黑皮膚的 David 在我這個「外國人」的陪同下進入超市，可以和我一起大搖大擺地內進；相反自己一個人的話，就會受到標準的「黑人對待」。在自己國家受自己人這樣種族歧視，David 他能不氣憤嗎？

#26

與盧旺達男談戀愛（二）

與Paul的拍拖節目，與我平時拍拖分別不大。就算我們在首都，過的也不是多姿多彩的夜生活，在這麼一個寧靜和簡單的國度裏，約會節目也簡單得多。在城市的時候我們也會外出吃飯，去咖啡室閒聊，或者去看電影。我們只去過戲院一次，畢竟這裏上映的電影選擇不多。在郊區我們則會到湖邊度過一個週末，或者會約其他朋友一起在家裏煮飯。

與這位盧旺達男在一起的時間很短，所以不能說體會到很多本地的戀愛文化，但可以說留意到兩點：

一、我總是很留意我選擇的餐廳會否太貴。雖說作為公司的同事，我大概知道能夠在這裏工作的人都有一定的教育程度，也代表着有一定的經濟能力去支付那種程度的教育，但我始終沒有深究他的經濟狀況。幾乎可以肯定說，他除非是那種家裏有成功生意、或者有家中有政客或某高官等，不然他的經濟能力應該只是一般。我和他外出吃飯時也盡量小心選擇，那些餐廳消費對我們香港人來說絕非問題，但我不能確定這個價位對 Paul 來說是否合理。即使我們吃飯一向都ＡＡ制，我也不想讓我們的約會對他來說成為經濟負擔。

二、雖然 Paul 對我很好，但我總覺得很難進入他的內心世界。這純粹因為我們拍拖時間短，還是因為盧旺達的歷史令到本地人不容易對人敞開心扉？盧旺達人是出名的不信任別人，即使十多年的左鄰右里也可能不清楚對方家裏有甚麼人、各人是做甚麼工作的等等。這樣也難怪，大屠殺當年所有人性最醜陋的　面都暴露出來，身邊最親的人往往就是背叛你或親手殺害你的人。背負着這種經歷的民族，也許不能期望他們一下子能夠改變。

我對於 Paul 家裏有關大屠殺的歷史或看法，是到很後期才知道的。他的家人不會反對他與外籍女生結婚，不論你是黑人白人黃種人都可以，但偏偏就不可以是胡圖族人。兩個民族的血海深仇並非一朝一夕可以化解，所以他的父母甚至達胡圖族與圖西族的混血兒也不接受。

雖說他有點害羞，我們糾結了很久才在一起，他也不是馬上和我談及很有深度的心事，但想不到原來他對於這段感情的發展還是挺心急的。如果沒記錯，我們才一起一個星期吧，他就已經說希望一年後可以結婚。應該就是這一句說話，加速了我們關係的結束。我自問對感情是個認真的人，但認真也不代表才一個星期便可以認定終身伴侶。他這般心急，反而把我嚇走了，因為我不希望在這種一定要結婚的大前提下，抱着那般壓力談戀愛。我連你的性格都還沒完全了解呢！

後來回想這件事，我便明白他應該喜歡「結婚」這個概念多於喜歡我。畢竟他是一個傳統的盧旺達男，到了三十歲左右也差不多該成家立室了。如果我們真的發展下去，也許只是大家都在「對」的時候遇上一個「還可以」的人，但我們應該都不是彼此生命中注定的那一個。

#27——

醫療水平與全民醫保

「在非洲生病怎麼辦？」對於遠赴非洲工作和生活，大部分人最擔心的就是當地的醫療水平。

從小我都不處理輕微的傷風感冒，相信這些小病是會自己好的。有一次出現了輕微的肚瀉，但維持多天，終於決定要去首都基加利看醫生了。

我本來就對於這裏的醫護人員的專業態度沒有太大期望，不過那個為我抽血的姑娘也太隨便了吧。首先，不是說她英文好不好，而是她那種懶懶閒的態度，明明是本來不錯的英語，但沉着嗓子輕聲細語，每一句我都要叫她重複一遍才聽得明白。

然後到抽血檢驗了，她的手勢也實在太差了，雖然沒有把我弄痛，但本應是簡簡單

在香港偶爾會看中醫的我，來到盧旺達則對這裏的中醫卻步，畢竟這個行業在這裏沒有正式規管，很難知道在非洲的中醫師質素如何。

單的一個針口位變成一大片瘀血。其實一向在香港幫我抽血的護士姑娘都說很難找到我的血管，已經不是第一次抽血變成被打傷的樣子，但這次這塊瘀血直徑起碼有一寸長，也太誇張了點。

在這邊看醫生不算貴，應診費加各種測試結賬約美金三十五至四十元，最後發現我得了傷寒症（typhoid）。我第一個反應是，傷寒症不是很嚴重的嗎？而且我記得來非洲之前已經打了傷寒症的防疫針，最後還是這麼不幸地患上了嗎？後來上網搜尋了一下，才發覺防疫針只能夠避免三成至七成機會患上這個疫症。傷寒症有很多不同的病徵，我算是非常幸運地只有肚瀉和身體疲乏這兩項；而且這其實是吃藥就會好的病。

我那次看的醫生不是本地盧旺達人。診症過後大家閒聊，當我得知他是古巴人之後，獨自去過古巴旅行的我當然急不及待與他談論古巴的事情。他說在古巴當醫生，一個月才大概美金八百元，在古巴是甚麼都做不到的。

通常醫生的態度好，整個客服體驗不錯，病人便會覺得這是個好醫生。但我後來發覺這個古巴醫生雖做好了客服卻在醫術上不太專業。診症後我記得他明明說給我開的藥要每天吃兩次每次兩粒。但當我拿着他開的藥單到藥房時，藥房的職員說「他寫的似乎是每天吃一次每次兩粒」。我這才發覺他的藥單的確寫得不太清楚。他剛才給了我他的卡片，我便立刻打電話問他究竟是每天一次還是每天兩次。他告訴我其實沒有甚麼所謂，那麼你每天一次吧。

啊，吃藥是可以這麼隨便的嗎？

瘧疾——盧旺達人最不擔心的疾病

回家後乖乖的跟着醫生「指示」吃他開給我的抗生素。但這藥的副作用包括肚瀉和疲倦，而傷寒本身也包括這兩項病徵，這樣一來我如何知道自己康復了沒有？這樣維持了一星期，藥都吃完了，仍然腸胃不適和作發燒，讓我想到自己是否還有其他病，例如瘧疾。

原本不打算看醫生，因為那時候正值十二月，差不多要回港渡假了，一般的想法都是「香港的醫療比較先進，還是回港才看醫生吧」。但另一方面我又想，香港的醫生也許對於東非地帶的細菌不太認識，就正如大家聽到瘧疾就立刻驚恐萬分。我知道瘧疾是可以很嚴重、可以死人的，但同時其實只要吃對了藥，也很容易醫得好。

瘧疾在這邊已經是醫生最懂得處理的疾病了。盧旺達人還有一個笑話：如果你有瘧疾的病徵去看醫生，而發覺患上的並不是瘧疾，then you're in real trouble，因為這裏的醫生除了瘧疾，其他的都不會醫！

見盧旺達的朋友面對瘧疾如此淡定，我決定上網查看一下。一看之下，發覺盧旺達的瘧疾的感染率雖然非常高（每一千人就有二百人左右染上瘧疾），但瘧疾死亡率大概是0.01%至0.02%左右，而這個數字在熱帶非洲地區則是0.04%。雖然看起來似是如此細小的數字，但盧旺達的瘧疾死亡率比起類似的非洲國家可是少了一半或以上。再對比一下，盧旺達的交通事故死亡率在0.04%左右，而全球的一般流感的死亡率，更高達0.1%。如此比較起來，難怪盧旺達人面對瘧疾有如普通傷風感冒般淡定。

為了安全起見，我還是用了瘧疾快速測試包（malaria rapid test kit）來自行測試一下是否患上瘧疾。其實理性上知道上次醫生是因為抽血檢驗而得知我有傷寒的，所以如果有瘧疾沒理由沒有同時驗出來。不過這裏始終是非洲嘛，檢驗出錯或者醫護人員因為人為錯誤而沒驗出其他疾病也不足為奇，所以還是再驗一次比較妥當。

從小到大打針抽血我都不怕。這個自行測試程序，需要自己在手指上刺一下來取血液樣本，我還以為是很簡單的事。誰知道自己為自己「打針」，大腦在我的針還沒有刺下去之前應該已經傳送了「痛」的訊息給自己，令這麼一小針我也刺了很久才狠心刺得下去，而且穿得不夠深，差點兒不夠血液樣本，要重新再來！原本應該很簡單的一個瘧疾測試，就被我弄出一個血腥和混亂的場面了。

抽好自己血液後，我像看着驗孕棒般緊張地等待這個瘧疾測試棒顯示……會是一條線？還是兩條線？

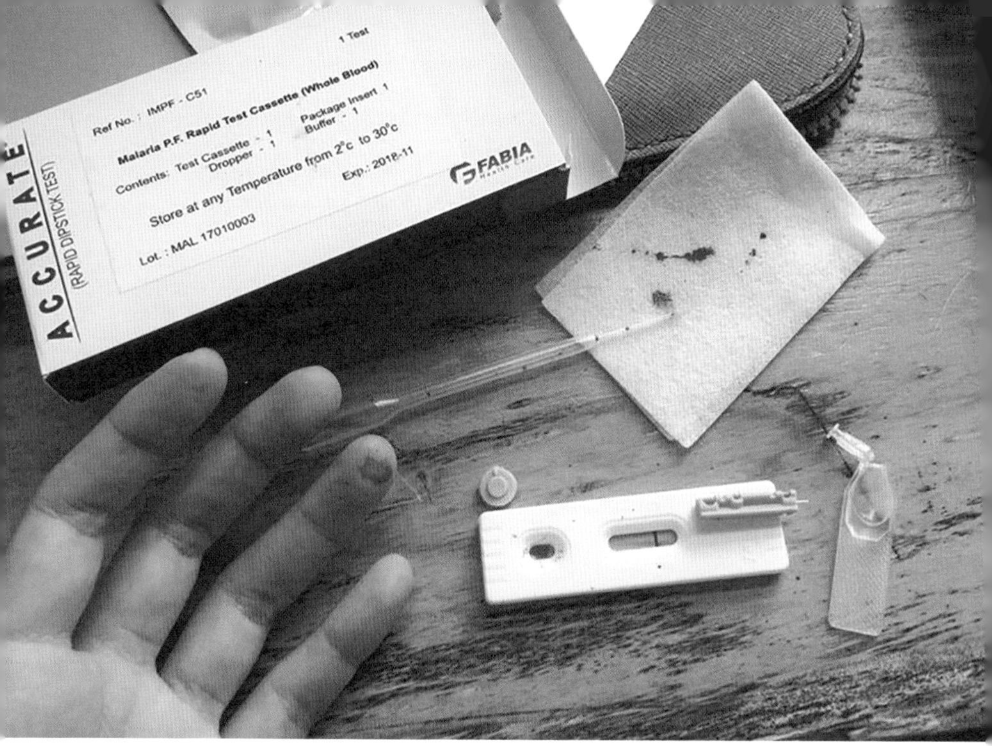

一個簡單的瘧疾測試，場面卻如此血腥。

我們「有錢人」的求醫經歷和選擇

在盧旺達這個每一萬人才有1.3個醫生的國家，我們外國人或者比較富有的本地人都是幸運的一群，任何時候有需要都可以立即看醫生，我們去的那些比較高級的診所，也不見得有太多人排隊，我也從未試過需要等超過二十分鐘，這在非洲來說可以算得上是光速的服務了！

對於有能力看醫生的盧旺達人來說，他們給我一種過分倚賴或信任醫生的印象。先別說在本地的醫生是否值得信任，起碼我自己在香港長大的經驗和文化，學會了對於一些簡單的不適，例如頭痛、傷風等等，不用太緊張。如果病徵並非經常發生，除非你認為背後可能隱藏了更嚴重的問題，否則我們都是自行在家休息，讓自己身體的免疫力去打這場仗，用不着看醫生的。但我在盧旺達的經驗就是，每次我有輕微不適，盧旺達朋友第一句就問我你看了醫生沒有。

非洲這麼大，即使非洲人在這片大陸，也並非所有醫生都信得過的。我們曾經有一位來自坦桑尼亞的同事，她有一次在公司的足球聯誼活動中腳踝受傷了。她在盧旺達見過醫生，進行了基本治療後，就決定飛往肯亞，在那邊進行腳部手術。不同的非洲國家在經濟發展上有不同步伐，在醫療設備和水平上也自然會有分別。在東非國家的話，肯亞是出了名的比較信得過，據說有許多外籍人士或者較有財政能力的東非待產媽媽，都會安排飛往肯亞生小孩。也有聽說過其他更富有的非洲人，有甚麼緊急情況或嚴重問題，甚至會馬上飛往南非治療。

那貧窮的盧旺達人有甚麼選擇？

相比起這些破費的國外治療，貧窮的盧旺達人當然只能倚靠本地的醫護人員，享用本地比較便宜的醫療服務。我曾經陪伴一位外籍同事在郊區看了一次醫生，有幸了解到這麼「平民化」的醫療體驗。

村落小診所的無障礙通道。

同事慈恩（韓國人，所以有漢字名）有一次懷疑自己患上瘧疾，而剛好那個週末大家都留在小村落沒有到市區去，我便當她的司機，載她到這村落裏的小診所看病。

以這裏的做事效率，我已做好心理準備陪朋友看醫生可能要花上幾個小時，誰知整個流程比想像中快。由接待處到看醫生到測試瘧疾，每個步驟之間的等候時間不超過五分鐘！最花時間的是等待測試結果，也許等了二十多分鐘，但整個過程不用四十五分鐘我們已經能夠離開診所範圍了。診所看上去非常簡陋，但算是乾淨，這裏甚至有輪椅人士可用的無障礙通道，讓我突然發覺似乎在整個盧旺達都不曾有見過這種方便殘障人士使用的通道。

診所的牆壁上貼滿了各種教育宣傳海報。

我在應診室門外等候。

是次山區看醫生之旅，應診費盛惠美金一塊多（港幣十元），瘧疾測試費用也是美金一塊多（港幣十二元），所以朋友總共需繳交約三塊美金（港幣二十二元）。我之前在首都看醫生費用也不過二十多三十美金（由港幣百多元至幾百元不等）已經算是很負擔得來，卻真的沒想到山區的醫療費用對我們來說是這麼便宜的。而且在盧旺達比起其他非洲國家的好處就是沒有人會嘗試收取賄款，所以我們付的並非「外國人價」，而是和本地人一樣真金白銀的公價，收銀處的人絕對沒有多收我們一分一毫落他自己的袋。

另外，由於差不多所有國民都有參與基本的國家醫療保險，所以最基本的醫藥費用都有保障。這裏的公立保險費用平均由每年美金三到六塊不等，低收入的家庭更可以由政府全費資助，所以九成以上的人口都有醫療保險，是非洲大陸中醫療保險覆蓋率最高的，最便宜的話可以不用美金一塊就看到一次醫生。所有人去醫院或診所，接待處第一件事就問你有沒有保險。沒有保險的話，醫藥費對於一般郊區農民來說算是挺貴的，所以每每看見本地人說我們沒有保險，他們都給我一副「真的嗎」的驚訝表情。本地人在郊區做一天臨時工或散工，收入大概港幣十至十五元。那就是說如果沒有保險，又或者在診症費以外需要付上其他有關的手術費，或各種特別的藥物開支，或保險不覆蓋的費用的話，去看一次醫生就沒有了一至兩天的收入，是財政上一項昂貴的負擔。

大屠殺後的醫療政策

盧旺達這個全民醫療保險是在非洲出了名的，不論是其他非洲國家還是世界衛生組織，都點名讚揚盧旺達在大屠殺後成功重建國家，也包括了這個成功的醫療政策。

一九九四年大屠殺過後，國際間許多已發展國家都對盧旺達採取放棄態度：在一九九五年，盧旺達平均每人獲取的國際援助只有五仙美元，是當時整個非洲大陸獲得最少人道援助的國家。甚至有人發表荒謬的言論，認為應該放棄為盧旺達的兒童提供基本醫療服務，以防止需要為人口增長注入更多醫療資源。

大屠殺對盧旺達在整個人口健康方面帶來的負面影響，遠遠多於在事件中的傷亡事故。有超過二十五萬位女性在那段時期被侵犯了，令愛滋病傳播甚廣；原本在大屠殺前已經不太受重視的各種保健計劃也完全沒辦法在事後繼續進行；許多醫療設施在那一百天內被摧毀，不少醫護人員也在大屠殺中受害，或者逃離了這個國家。

當全世界都不看好盧旺達時，這個國家的人民偏偏有着堅毅不屈的精神。在大屠殺後不久，便擬定好了「二〇二〇願景」，目的是要把國家在二〇二〇年發展成一個中等收入國家（視乎你用哪個指標和定義，盧旺達在這一刻也可以算是達標了）。而當時政府也明白到，要令國家強大起來，必須要投放資源在人民的健康和社會的醫療服務上，否則長遠來說國家不會有健康的人口來支持經濟發展，而這也是盧旺達決定要為全民提供醫療保險的重要原因之一。

總統卡加梅就說過，窮人的抵抗風險能力較弱，每次看醫生都要影響現金流的話，對他們來說是一種負擔。面對平日的生計已經焦頭爛額，如果能夠為他們提供免費或者非常便宜的醫療服務，則可讓他們騰出生活和財政上的空間來為更長遠的未來作出打算。我認為總統的說法是很正確的，但貧窮人所面對的困難並非單單沒有錢看醫生。在「看醫生」這件單一事件以外，還有其他周邊附帶的支出，或者其他機會成本。例如，他們有足夠金錢乘坐交通工具去診所或醫院嗎？在他們的社區內有足夠的醫療設施嗎？如果沒有的話，他們願意花上一至兩小時步行至最近的診所或醫院嗎，又或者生病的情況容許他們這樣舟車勞頓嗎？

在我的日常工作中需要經常與低收入農民家庭接觸，從我對他們的各種採訪和資料蒐集經驗所得，醫療費是日常開支中比較不被重視的一環。這也與貧窮人士看待開支以及衡量各種生活所需的思維有關。除非患病嚴重到一個不能維持日常生活和工作的程度，否則貧窮人也寧願等待自己好起來，而不會選擇看醫生。對比起看醫生，把錢留起來購買每天所需的食物，這是個更急切和更應該優先處理的需要。

可以說他們沒有把健康這個長遠和持續的需要認真看待嗎？可是我們卻又不能因此而下結論說貧窮人士沒辦法作出長遠的打算。我所採訪的農民，都寧願把錢存起來讓小孩日後可以升讀大學，也不會隨便把錢花在看醫生上。這大概也解釋了他們對各種事情的重要排序：作為父母的覺得讓自己下一代接受教育，獲得脫離貧窮的機會，比起自己看醫生舒緩一下身體不適，更為重要。

我們「有錢人」所不能理解的

從我個人在盧旺達看醫生的經驗，以及其他外籍朋友和非洲人的故事，可以總結出以下幾個概念或資訊：

一、我們這些沒有財政煩惱的人，起碼在出現小病或者需要做中小型手術時，都不至於需要為錢擔憂。在我們的概念中，有甚麼比生命安全和健康重要呢？可惜對貧窮的非洲人來說，若非等到出現生命危險或沒有其他選擇，也千萬不能「亂花錢」在看醫生上。

二、貧窮人士對於消費的選擇並非我們能夠輕易理解的，因為我們一般人都沒有經歷過那種捉襟見肘的生活。這也解釋了為甚麼在慈善和非牟利機構這個界別的工作，由很久以前的以捐錢為主，改變到普遍比較傾向物資捐助，但近期趨勢又返回捐助現金。因為西方國家開始理解到捐現金的話，把錢花在甚麼事情上這個主導權便可回歸到貧窮人士的手上，而非由有錢的捐助者或捐助國家，坐在象牙塔內為窮人指定了他們需要甚麼物品。

三、即使在非洲人之間也有不同財政能力的人。有錢的寧願飛到其他國家，例如肯亞，去接受他們認為更高質素的醫療服務。

我只能說自己很幸運，在盧旺達住了兩年半，在非洲總共住了四年多，也沒有遇上過甚麼嚴重的疾病、沒有出過甚麼交通意外需要做手術的。雖然幾次看醫生的經驗都讓我覺得盧旺達的醫生在知識和專業程度上的確和已發展國家有異，也讓我不能完全信任當地的醫護人員，但慶幸我那些小問題他們都處理得到。這也讓我更重視健康，也許在非洲長期居住的話，靠自己鍛鍊一副強壯的身軀和免疫力，比起倚靠當地的醫療水平更為重要。

#28 從超市購物理解本地文化

之前說過我在盧旺達並沒有曬黑，但搽太陽油還是必要的。可惜非洲黑人用不着太陽油，所以這是其中一樣要從香港帶過去的日用品。其實在超級市場逛逛，就可以窺探到本地人的日常生活和購物習慣，超級市場對我來說就是認識一個新地方新文化的博物館，比真的博物館還要有趣！

原本以為太陽油是一樣奢侈品，所以非洲人才用不着。但這說法絕不成立，本地還是有很多有錢的非洲人，超市內還是可以買到其他昂貴的物品，那為何偏偏太陽油那麼缺乏供應呢？後來才知道膚色越黑的人代表他們皮膚內本身的黑色素越多，所以他們被曬傷的機會越小，即使長期暴露在太陽之下也沒問題，也幾乎不曾聽說過在非洲有皮膚癌這個問題。

逛大型超市感覺和發達國家的差不多，也似乎有很多貨品種類及存貨，不過住下來就知道，這類的進口貨品都沒有 100% 物流鏈的保證，代表着供應不穩定，看到喜歡的外國貨，有些人像批發般一次過買許多回家。

黑皮膚的煩惱

但黑皮膚原來帶給他們另一樣煩惱：這不單只是一個受盡歧視的膚色，黑皮膚在洗澡後比起一般皮膚乾燥。我一位美國朋友還曾經笑說他的盧旺達男朋友怎麼比女士更愛美，洗澡過後非得馬上塗上一層厚厚的潤膚露，比起女士有過之而無不及。直至她自己領養了一名盧旺達小孩後，發覺兒子出門去短途旅行都嚷着要戴上一整枝潤膚露，她才發現原來所有黑人都面對洗澡後皮膚非常乾燥的問題。也難怪我在超級市場看到潤膚露的選擇如此多。

零食選擇

在飲食方面，在大型超市可以買到一般西

在理髮店內，髮型師幫女顧客駁髮留辮子。

方大牌子的零食，而本地牌子或者其他非洲區域製造的零食都只限於最不健康的類型，例如薯片或煎炸食品等等。整體來說，在盧旺達的城市人沒有太強烈的健康意識。你要不就是個吃不飽，營養不良的窮人，要不就是個吃得太飽，帶着滿身不良脂肪到處走還覺得自己很有肥胖美的有錢人。想吃得健康的話，乾脆就不要在超市買零食。想買一些西方國家入口的健康零食，但難免要付出貴好幾倍的價錢了。

黑人頭髮打理

超市內的頭髮護理用品部分也恰恰反映了非洲人的髮質。非洲黑人的確天生頭髮亂，雖然各個種族的髮質略有不同，但整體來說比較粗糙。男士們處理髮型比較簡單，基本上大家都差不多剃光頭便是了，不用費時打理。

至於女性，在鄉村的或者比較貧窮的沒有多餘閒錢處理髮型，保持像男性般的短髮並不罕見。就正如香港有些學校也對女同學的頭髮有嚴格規定，在盧旺達這邊也有許多學校規定女生只可以留個短髮，看上去差不多等於剃光頭。有時候看到一大班學生放學，也必須要看他們穿裙還是穿褲來確定其性別。比較有財政能力或比較愛美的女性，不會被粗糙的亂髮妨礙她們打扮。我們看到許多非洲女士留辮子，通常她們真正的頭髮沒那麼長，是用真髮和假髮紮在一起。把頭髮紮成緊緊的辮子讓她們不需要每天都處理凌亂的頭髮，但壞處就是會把頭皮扯痛，而且不能經常洗頭。這種紮辮的方法也有分幾種價錢和質素，比較便宜的可能能夠維持一至兩個月，但整段時間都不能洗頭，洗一兩次便會鬆散。價錢比較貴一點的可以維持半年多，而每個星期也可以洗頭兩三次左右，基本上和一般西方國家的人處理頭髮衛生沒有太大分別。而這一切也正好解釋了為甚麼我在超市的洗頭水和護髮素選擇那麼少，想找到護髮產品、髮膜或髮尾油等更是困難。

從書籍看文化

某些大型超市內有書籍和文具貨架，而這類的圖書選擇則可以窺探到這是一個多麼重視宗教的民族。即使這個國家沒有一個官方宗教，絕大部分人都信奉基督教或天主教，當中亦有不少教派的分支是我這個無宗教的香港人未聽聞過的。有些基督教派不吃豬肉、不喝酒，聽上去和回教有點相似；也有一些教派完全不吃肉。雖然在盧旺達這樣一個貧窮國家要成為全素者毫不困難，但對別人解釋是因為宗教原因，部分盧旺達人也會難以理解。

濃厚的宗教色彩和影響也可以在每天的日常生活中感受到。在鄉村的市集裏或者城市的街道上間中可看到手舞足蹈的傳教士，拿着聖經七情上面地向途人傳教。星期六日的教堂有人唱歌跳舞，大聲到令住在附近的人想睡到日上三竿也不可能。甚至在公司與本地員工開大會時，有時候「祈禱」是整天會議的第一個環節；有時並非擺明車馬祈禱，但也會用唱歌跳舞來開始會議，而這些歌舞的內容也離不開讚頌主。這一切一切也許解釋了為甚麼在書局或者大型超市內總會有一個專門售賣有宗教色彩的書籍，也有一些表面上是關於自我修養或如何活出豐盛人生題材的書籍，但內容也是以宗教教義為根據。

另外也可以找到法文書籍，顯示出這個前比利時殖民地仍然有許多知識分子懂得法語。至於盧旺達語，我就只有見過學習盧旺達語的書籍，或者是盧旺達語、英語、法語的翻譯字典。雖說只會盧旺達語的都是窮人，也明白說英語、法語是身份地位的象徵，但我仍然有點驚訝完全沒有見過用盧旺達語寫的書或小說。

至於女性衛生用品，已經在另外幾個篇章提及了，便不在此重複。到現在仍然令我想不透的是，為甚麼經期使用的衛生巾選擇這麼多，但其他日子所使用的衛生護墊卻只得幾款？

#29 家庭暴力事件與兩性問題

公司有前線員工被她丈夫殺害了。

家庭暴力在盧旺達常有聽聞。之前提及過盧旺達在性別平等的議題上做得比其他非洲國家更好，但始終是表面光鮮，實際上以及在平民之間，仍然有許多性別問題有待解決。

家暴事件弄出人命，除了性別問題外，也令我想到，盧旺達不是很安全的嗎？但這「安全」一詞含義廣泛，實在不能一面倒地說一個國家是安全的，然後把間中不安全的事件歸類為個別案件。這種想法對「個別案件」不公平，也無助於我們深入了解不幸事件的來龍去脈，從而從中學習及避免悲劇重演。

盧旺達的安全大多來自於恐懼。因為政府使用強硬手段，想要犯案的人怕被抓到，怕被重罰，這種恐懼防止了許多犯案動機轉化為真實行動。但是次事件中的丈夫並沒有這種恐懼：他在殺害妻子後向警局自首了。

婚姻與兩性權力關係

這一類悲劇通常是來自於家庭糾紛沒有抒發渠道。離婚在盧旺達不普遍，要離婚在法律程序上也不是一件容易的事。也許離婚不是最好的解決辦法，但如果婚姻中出現了問題不能解決（窮人之間也沒有「婚姻輔導」這個概念），比較基層的盧旺達農民又沒有受過很好的教育，偏向靠暴力解決問題，那就不難理解有人會走到水火不容、謀財害命這一步。

我的盧旺達朋友都是受過教育而且常接觸西方文化的中產階級，所以思想比一般本地人開放。他們認為如果離婚是一個門檻較低兼被大眾接受的解決方法，很多家庭悲劇就能避免發生。道理上我是認同的，但卻又覺得不應該教人隨便放棄婚姻，長遠的解決方法不是應該是理性處理家庭中的糾紛嗎？

導致這次悲劇的另一個主要原因，就是這個家庭中那種傳統的性別權力關係失衡。雖然「男主外女主內」的這個概念對我來說已是很過時了，但我能理解這事在傳統思想中仍然是重要的一環。事件中受害人已在我們公司工作好幾年了。來這公司之前，她和她家人只是盧旺達鄉郊的幾十萬低收入農民之一，除了耕種外就沒有甚麼其他收入來源。像她這類只受過小學或中學教育的人，除非做老師或到首都大城市打工，否則在郊區除了我們公司是幾乎沒有其他穩定收入保障的工作了。她丈夫仍只是農夫一名，大概看不過眼她從事這份收入不錯且穩定的工作，在日常工作中又常與其他男性接觸，包括她那位長得挺好看的主管，長年累積下來的怨氣和自卑不幸地轉化成了殺人動機。

媽媽死了，爸爸被警察抓了，他們的小孩只能由親戚來接管。在這發展中國家，政府不提供甚麼兒童暫管服務，否則大概會被濫用吧，所有養不起小孩的家庭都把他們送到政府的孤兒院。農民家庭都維持生五到十個小孩左右，所以不用擔心長輩來幫忙照顧小孩。即使是不幸在大屠殺中差點被滅門的，在這個社區為本的文化中也總有鄰居來照應。

家暴問題的受害人不只限於女性

相信這也不只是盧旺達，應該全世界的家暴都如是：表面上只有女性是受害人，然而被伴侶虐待或侵犯的男性只能是隱形人；社會也似乎樂於自欺欺人，鮮有正視家庭暴力中的男性受害者。

像之前提及到，盧旺達是在非洲國家中，甚至是以全球國家來說，女性地位難得地高的。盧旺達總統卡加梅也出名是個「女權總統」，早在多年前已經開始為女性地位發聲。在自己國家內，他嚴厲譴責家庭暴力和性暴力。出於對權力的服從和對嚴厲司法制度的懼怕，以及政府與非牟利機構多年來的推動，盧旺達的兩性平等情況在過去二十年來大有改善。

在傳統的性別問題中大家的焦點都在女性身上，但也許在某些情況下，盧旺達因為過度保護女性而令男性成為受害者。據盧旺達的朋友說，受害男性都不會報警或尋求協助。一來當然是怕丟臉，二來是怕老婆反過來告他。基本上只要被控告老婆說自己才是受害人，而男方的證據又不明顯的話，疑點不但歸於老婆，老公更可能反過來被起訴。

在性別平等的議題上，盧旺達還有一段很長的路要走。隨着女性地位越來越高，這國家也要開始避免繼續把「violence against women」和「gender-based violence」互相通用，否則只會延續男性受害者的悲劇。

#30

非洲王子（一）

出發前朋友都笑說我要在非洲嫁個部落王子。然後我就真的認識了一個非洲王子。

他是一個住在比利時的布隆迪人。布隆迪（Burundi）是在盧旺達旁邊的一個小國，面積和盧旺達差不多，就連語言也有相似的地方。我對布隆迪的認識有限，只知道兩國友好，而且兩國都有被比利時侵佔或統治過的歷史。一個來自布隆迪而能夠長期住在比利時的人，不用問都知道是個有錢人。

我和他第一次見面就互相有好感了。他在布隆迪和盧旺達有家族生意，所以作為董事局一員的他一年會來這裏出差三四次。他十幾歲時就已經搬到了比利時升學，之後一直居住在那裏，說着一口充滿着法國口音的英文，夾雜着一些文法錯誤，以及幾個我也聽得明白的盧旺達詞語，有時令我啼笑皆非。但他也是一個如此風度翩翩的紳士，說話斯文有禮得有點奇怪，那些例如在餐廳幫我拉開座椅的小動作，既讓我感到不自在，卻又讓我那麼容易地喜歡上他。

在他回到比利時的兩個月裏，我們每天都會用短訊溝通，然後下次他再回來盧旺達出差時，我們就很自然地走在一起了。

有次看到他的卡片，寫着名字 Aaron Rugamba。向來對於不同語言、文化，以及名字背後的故事有興趣的我，很想知道他的名字有沒有甚麼特別。

「Aaron 這個名字不像是非洲人會改的名字。」我認識的男性都是 Bosco，Jean，Damascene，Charles 等等。由於受外國文化以及基督教影響，盧旺達人的名字大多數包含一個正式的英文名，但當然我也有見過一些搞笑的名字，例如「God Bless You」（我認真的，這是一個正式的、出現在身份證明文件上的名字）。

「對，盧旺達人或布隆迪人都好像沒有人叫 Aaron。大概是父母想給我起一個比較西化的名字吧。但我弟弟妹妹都有一個英文名，再加令一個比較非洲化的 middle name。」他解釋道。

「那麼你的姓氏 Rugamba 呢？」他曾經提及過他的姓氏與布隆迪以前的一個國王相同。我不以為意，就正如我也與明朝的皇帝朱元璋同姓，但不代表我和明朝皇室有任何直接關係。但從我與他的相處，他的成長故事與消費習慣中，我大概猜到他算是個有錢人，所以開始懷疑他真的與布隆迪以前的皇族有關係。

「就像我的姓氏跟中國許多年前的一個王朝一樣，不過我肯定我不是皇族後裔，否則一定會有族譜記載的。」我這樣告訴他，想要引導他給我說出真實。

「嗯，我的姓氏的確是那個皇族的姓氏。」他回答。

「你意思是說你跟他們有血緣關係？」我說。

他未至於支吾以對，但似乎有點不好意思地告訴了我真相。原來在他祖父那一代仍然是布隆迪的皇室成員，隨着後來西方國家的入侵，君主制也沒落了。他雖然未必會是直屬的王位繼承人，但如果這個皇室仍然存在的話，他就絕對是其中一位王子了。我後來還上網刻意查閱，發現布隆迪的皇室中的確有這個姓氏的存在。當然他有可能是在編故事，但從他的身家背景看來，他的確來自上流社會。而且在我們交往期間他也沒有從我身上得到甚麼着數，要計較的話，還是他付的錢比較多呢！

#31

孤兒院義工體驗

在盧旺達住了兩年半，我才參與過一次義工活動！

一向不太喜歡做一些短期或一次性的義工活動，因為擔心這樣對服務對象可能弊多於利。而這一次是帶孤兒院的小朋友們前往一個嘉年華，知道這些小朋友平日不多有機會去這些活動，而自己又住在這裏，可以定期回來探望他們，便覺得這次的義工活動去去也無妨。

邀請我們的朋友在這所義工中心工作，他說這些小朋友並非全部是失去雙親的孤兒，而是因為家裏貧窮，被逼流落在外的街童。有些小孩在街上流連是為了謀生，有些是因為家裏照顧不了自己，便住在街上找其他生存的機會。中心收留他們，讓他們暫住在那裏，為他們找學校，穩定地生活和學習，最後有些小朋友等家裏環境好起來後成功與家人重聚。

這個星期六的嘉年華活動有各種遊戲攤位和玩具等等。我們這裏做義工大概與香港一些有規模、有策劃性的義工活動不一樣。我們完全沒有資金津貼，就只是幾個義工帶着小朋友出去玩玩。沒有交通接送，沒有飲食津貼，我們拉着小朋友的手往山上步行了一個小時左右才到達目的地（沒有 budget 去讓所有人乘交通工具或者租一輛活動旅遊巴），途中更自費給他們買水，嘉年華給十歲以下的小童提供免費入場，所以我們不用擔心他們的費用，只需自掏腰包付自己的成人入場費。當然，好處是我們不用拉橫幅、不用與任何贊助人官方合照、不用演講開場白、不用給捐款人寫報告甚麼的。

通常在嘉年華，總是小孩去玩攤位遊戲，玩累了就跟大人們嚷着要買雪糕、棉花糖或其他小食。這天場內也有各式各樣的小食，我們做義工的本來也很想吃，但自己買來吃而小朋友只能看着你吃的話，有點太殘忍了吧。那要給每個小朋友都來一個熱狗嗎？這樣長久下去就真是要破費了，也不好做壞規矩。其他前來嘉年華的人都起碼是中產家庭，這些家長給小孩買些吃的，就只不過等於我們逛街口渴了到便利店買罐汽水這麼簡單。可是我們中心的孤兒應該是習慣了貧窮，知道他們想要的東西通常都負擔不起；雖然他們的目光總是離不開隔壁小孩手上的棉花糖，卻沒有一個人出過一句聲說想要。

我最後不知是心軟了還是自己也很想吃，所以買了一支價值港幣十元的棉花糖。我們九個人分來吃，每人一口就已經吃完了。這大概是我人生吃過最貴的一口棉花糖呢！卻也是最好吃，最分甘同味的。

小孩在嘉年華內畫上了臉部彩繪。

#32——

非洲理財故事——指尖上的流動銀行

「你可以用 Mobile Money 過數給我嗎？」這是在盧旺達朋友之間常用的付款模式，就算是與店舖交易甚至公司出糧給員工也可能會用到的交易模式。外國一早已經有 PayPal，香港也落後到早幾年才出現 PayMe，而用電話銀行交易在東非卡已經流行十多年了，在盧旺達也有十個年頭了。

東非國家的電子理財與我們所理解的略有不同。不論是 PayPal 還是 PayMe，前提都是要用數據上網才能處理交易。東非的電子理財則是只需用一部舊式電話，只要接收到一般電話網絡信號便可。我到電訊供應商設立 Mobile Money 戶口，也可即時付款讓他們將我付的金額存入這個戶口夾，我便可以開始使用 Mobile Money 了。一大班朋友外出消費，由其中一人先付款，然後我只需要有對方的電話號碼便可以簡單得像發個短訊就向他的戶口付款。在某些街邊小店舖也可以用 Mobile Money 付款，只要店主告知電話號碼便可。雖然說智能電話在非洲也非常普及，港幣幾百元也可以買到一部，但對於最貧窮的鄉村人來說，這仍然是個難以負擔的奢侈品。相對地，舊式電話則被視為必需品，即使在貧窮的人，也可以幾個家庭成員共用一部普通電話，窮到買不起電話的話，也可以用幾元港幣負擔一張 SIM 卡，然後需要做財務交易時，便借用鄰居朋友的電話插入 SIM 卡，用短短幾分鐘的時間便可交易完畢。

這個 Mobile Money 戶口與個人銀行戶口完全沒有聯繫嗎？沒錯，這個指尖上的流動銀行與一般傳統的銀行戶口是毫無關係的。在發達國家長大的我們也許難以理解，但在非洲以至全球各地，貧窮人士因為存款太少而根本不能開立銀行戶口，在盧旺達擁有理財戶口的人口不到一半。但 Mobile Money 的發明就讓一般住在鄉村的窮人也可以有個地方存錢，不用把現金放在枕頭底，也可以享受安全的財務交易。

對於我們外國人來說，在本地使用 Mobile Money 也是個非常方便的交易途徑。一來外國人走在街上，已經被看待成一疊疊會走路的現金，所以減少身上所攜帶的現金總是好事。我和朋友之間，不論是本地人或外國人，間中也用 Mobile Money。

另外我留意到的是，外國人都不喜歡在本地開立銀行戶口。我個人是因為在法國當交換生期間與銀行有不愉快的經歷，令我最後無法把銀行戶口內剩餘的少量歐元提取出來。雖然只是區區幾歐元，但卻令我對於在外地開銀行戶口有點猶豫，連法國這樣先進的國家都有問題，更何況是非洲國家呢？雖然某些銀行卡在外地提款會收取手續費，但我估計大家都認為在非洲物價指數甚低，所以寧願每次都用海外提款卡，也懶得開立本地銀行戶口。以這裏的效率來說，分分鐘開立戶口的時間成本比起兌換率或手續費的財務成本更高。

很多人對於「在非洲做善事」或者「脫貧工作」的概念停留於慈善組織或非牟利機構的層面，而我自己也曾經幼稚地認為私人牟利機構或大公司都只是為了賺幾個錢而剝奪大眾利益的，但當然事實並非非黑即白。在東非的電訊供應商雖作為私人企業，但為一眾低收入顧客提供了另類理財選擇，讓這些被主流銀行遺忘或拋棄的客人也可以享受到電子理財的方便。一方面大公司可以這樣賺錢，貧窮客人也可以透過 Mobile Money 來做小本生意或交易，從而增加收入和改善生活。在盧旺達生活下來，最大開眼界的其中一件事就是本地人其實比想像中更願意消費去購買他們認為值得的產品和服務。並不是所有人都想飯來張口的；能夠根據自己的能力和意欲消費，可讓他們在不被社會看低和輕視的情況下力爭上游，讓他們用自己喜歡的方式爭取脫貧。

#33

當貧窮近在咫尺

旅居在非洲，不一定能體會貧窮。如果所做的工作不太接觸服務對象，平時只出入高級餐廳和場所，生活大小事都交由家中傭人代勞的話，也可以活得很離地。

因為工作需要，我住在了稍微比較貼地的鄉郊村落，才發現貧窮原來近在咫尺。

從對話中暴露身價

在公司上盧旺達語課時，我已經不只一次無意地顯示了我們這些外國人是多麼富有，而老師就總是讓我覺得自己粗心大意。

有一次上課，我們在學最基本的詞語，例如「爸爸」、「媽媽」、「弟弟」和職業等等。我說到我的弟弟在澳洲做醫生，老師馬上便說：「嘩，做醫生的很有錢吧！」我頓時不好意思，唯有馬上說：「他才剛剛畢業，賺的錢也不算太多。」其實心裏也知道，澳洲再窮的醫生，對盧旺達人來說已經是很富有了。

另外有一次我們在學習如何形容日常活動，老師問到：「你們這個周末做了甚麼呢？」我也實在太大意了，隨口很誠實地便說：「我和朋友們去了 Marriott Hotel！」說完自己也心知不妙了，老師又馬上說：「那裏很貴呢！」

我們又怎可能不知道去 Marriott 吃一個早午餐（brunch），對於盧旺達人來說是多麼昂貴的一餐。可是我在香港平時連五星級酒店的門口都不靠近，是來到盧旺達這邊，才能夠以超值價享受這邊的奢侈。在 Marriott 的一個早午餐，盛惠二百五十港元，由早上十一點半吃到下午四點的早午餐，包用泳池、桑拿、蒸氣室，這真是香港沒辦法做到的價格！在這裏我和其他外國朋友都覺得難得可以以這個價錢享受五星級酒店的食物和服務，所以總是不夠敏感，常說漏了口跟本地人提起此事。

已經兩次這麼不好意思了，以為我已經在老師面前學乖了。誰知道有一次，我只不過在學習如何形容在市場買東西，說到我在市場買了蜜糖和牛奶，提及到我喝茶是喜歡放蜜糖而非普通糖，怎知道又中招了！老師說：「蜜糖比糖貴很多呢！」我又不知如何回應了，唯有問他在郊區這個小市集附近，哪裏的蜜糖最便宜。

簡單來說，我是沒辦法逃離這個陷阱的。常說我們去了非洲或其他貧窮國家，便會體會到自己有多幸福；雖然這是老生常談，卻是再準確不過了。相信我們就算再敏感、說話再小心，也總是掩蓋不了在言語間流露的事實：來到盧旺達跟一般的本地人相比——特別是在我們這邊郊區居住的——我們絕對是非常富有。一些你以為很基本的東西，例如用蜜糖沖茶、用運動水樽裝水這般簡單的事情，對貧窮的盧旺達人來說也可以是很奢侈的事。

停水、停電、山泥傾瀉

全球氣候變化，貧窮的國家和人民是最大的受害者。身在貧窮國家的外國人，也在「危難」時才明白自己有多幸福。

因為狂風雷暴而導致電纜被破壞或供電不穩定是常有的事。一年才一兩次大停電，可能由幾小時到一兩天不等。幾十秒或幾分鐘的小停電則可能每星期一次，見怪不怪。只是因為我們宿舍和辦公室範圍內都接駁了公司安裝的大型發電機，所以影響較少。在山頭一眼望去，都是漆黑一片的；村民都是開着電話或用蠟燭照明，唯有我們這個富有的鬼佬村莊在耀眼的發亮。

當有連續幾天的暴雨時，從我們鄉村通往市區的一條主要道路不時因為大雨和山泥傾瀉被封路了。曾經有幾天的暴雨，已經導致盧旺達失去了十幾條人命，大部分受害者是因為行近河流而被河水沖走的。有次因為山泥傾瀉把一部分水管沖毀了，我們預計自己的村落未來幾天也可能斷水，所以大家都想盡辦法發揮無限創意去節省用水。

為了慳水可以去到幾盡？

- 由每天洗澡改為隔天洗澡。
- 洗澡時會用盤子把額外的水裝起來，可作沖廁水用。
- 午飯後的廚具和碗碟可以的話不馬上洗，等晚餐吃完才一次過洗。
- 公司有系統地在我們的村落內收集雨水以備不時之需。

山泥傾瀉下常出現各種交通事故。

其實也不是去得很盡，起碼洗澡、刷牙、洗面暫時都沒有問題，身在福中要知福吧！

平日相安無事的時候，在首都逛逛超市、到戲院看戲、到高級餐廳甚至酒店吃飯，總覺得這是個發展得不錯的國家。但說到底一個國家發展如何，總是要從一些安全意識或災難應變上看出來的。香港以前也有很多山泥傾瀉，上環等低窪地區也會水浸，但一個已發展的地區政府會採取措施預防意外。

盧旺達出現連續幾天的山泥傾瀉其實一點都不令人意外，我每次出城都會經過那條路，那些鬆脫的泥土和碎石已經在山坡上搖搖欲墜很久了，誰都知道下大雨的時候會出問題，政府卻不花錢做預防措施。

貧窮真的近在咫尺：這個國家把首都打扮得再繁榮和美麗，但遇上天災人禍時受害的都是在郊區的貧窮百姓。住在我們旁邊那村落的農民要面對的是生命安全的威脅，我們卻在苦惱家裏的屋頂因下大雨而漏水。

我們的確很幸福。

#34——紅色炸彈

我住在盧旺達以來收過的紅色炸彈——婚宴請帖可多了。有紅色的，有也有米白色的；有實物邀請卡，也有電子卡。

據我非正式統計，盧旺達人結婚年齡大概是二十五至三十歲，而我們公司大部分的本地員工都是在這個歲數成家立室，所以感覺上每隔數天就有人告訴你自己要結婚了，每隔數個星期就要去一次飲宴。我發覺與盧旺達朋友約飯局，十次有九次約不成整枱人的原因就是「我姐姐結婚」、「我表弟結婚」、「我朋友結婚」；剩下那一次就是因為朋友本人結婚。結婚真是一個推卻朋友約會的好藉口呢（笑）！

至於禮金這回事，因物價水平與香港不一樣，禮金也相對地較低，但想不到連「敲詐」禮金的習俗也一樣。一位我只跟他說過一次話的人，透過 WhatsApp 給了我邀請卡，我等了很久才回覆說我不能出席。他接着說：「你至少能給我一點財政上的支持吧？」這

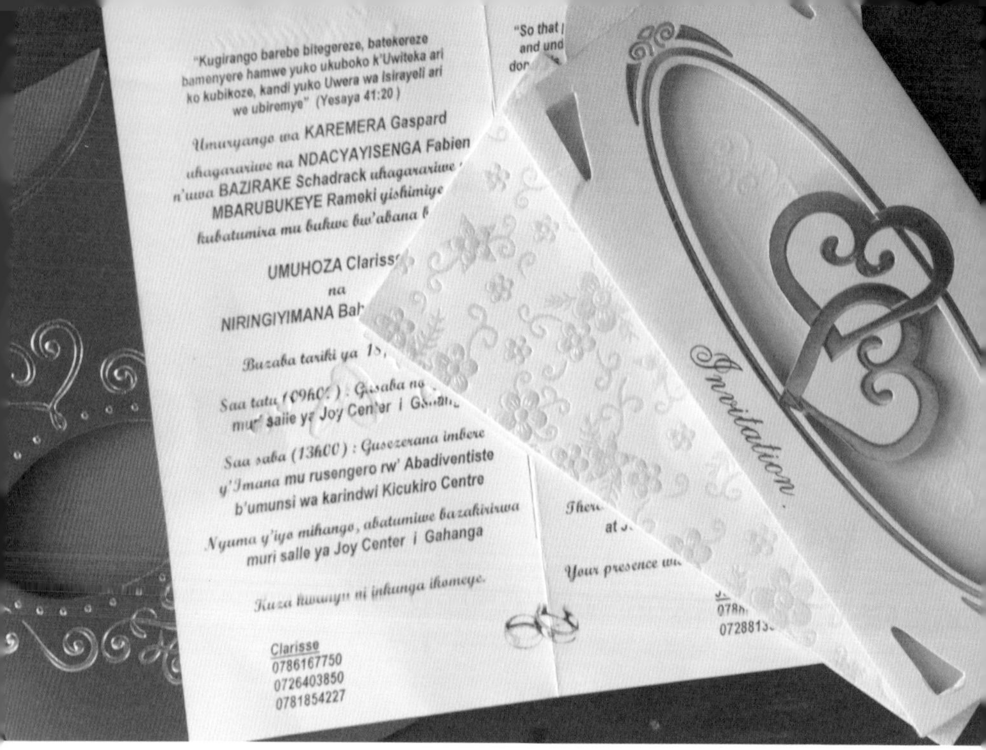

這裏的婚宴請帖一樣是「紅色」炸彈。

是太直接了，還是我少去婚禮飲宴所以不習慣這個方式？我和其他盧旺達朋友確認過，這種不熟悉的程度是可以連禮金都免卻的。不過在這裏出席好朋友的婚宴也只不過封港幣二三百元（美金三十到四十元）左右的禮金，這種不熟又不出席的婚宴，港幣五十元（七塊美金）已經很不錯了。

我不知道這位同事是否邀請了全世界的人，還是覺得我們這些外國人比較富有所以乘機試試運氣。我最後沒有出席他的婚宴，也因為和他太不熟絡了，一分一毫的禮金都沒有送出。而他在婚宴過後也一直沒有和我聯絡，看來我的決定是對的，我倆只不過是點頭之交而已。

#35

非洲王子（二）

和這位非洲王子在一起不夠幾個月，已經知道這段關係維持不了多久。並非因為是遠距離戀愛，也不是因為種族文化差異。我想可以把它說成是——因為這個人太有錢了。

有錢無罪，但他的背景和生活習慣讓他形成了一種我很不認同的價值觀。在盧旺達住上一段時間後，我對所有事情的耐性多了，反而他這個非洲人諸多挑剔。在餐廳等食物等得不耐煩，他便會以一副客人至高無上的姿態責備侍應。在五星級酒店裏，我因為要付港幣二十元買一支樽裝水而感到不值時，他卻興致勃勃地跟我討論想買哪一隻名錶，哪一部新車，有時候甚至笑說要買架直升機。所有本地人做的事只要稍為效率低或不如他意，他便竟然夠膽說：「我也是黑人，我能做到的為甚麼他不能做到？」

還記得有一次，他來到我鄉村的家裏，看見廁所的燈掣和走廊的燈掣不在同一高度上，他就開始高談闊論怎麼非洲人連這麼簡單的室內裝修和設計都做不好。他說全屋的燈掣都應該在同一高度，讓人即使半夜起來在黑暗中要去廁所或到廚房喝水等等，都隨手一伸便可以碰到燈掣。

我在盧旺達住下來了，生活上的小問題可多了，對於燈掣放在那一個高度簡直是一件毫不重要、芝麻綠豆的小事。但他卻反駁我說：「小事做不好，大事做不到！」他不無道理，但對於一個充滿着這麼多問題的民族來說，把室內裝修管理好真的是他們優先需要處理的事嗎？他自己作為一個擁有財富和各種資源的人，認為每件事都要做到完美，他又有理解過連三餐都吃不飽的感覺嗎？

是這樣的，非洲王子殿下，你出身顯赫，家裏這麼幸運能夠送你到外國讀書長大，你可否不要用自己有錢人的一套來衡量一般非洲人的行為和能力呢？那一刻我實在覺得他的離地程度，就和「投胎界KOL」劉鳴煒不相伯仲：說只要去少幾次日本旅行，就可以買樓上車了。

我不相信他打從心底裏是一個壞人，就正如我其實覺得劉鳴煒也是一個好人。只是他的好勝心太強，自信有點爆棚了，有時候也真心地認為自己可以代表其他黑人發聲。

曾經和一個非洲「皇族成員」拍過拖，是一個有趣的體驗，也是將來七老八十時茶餘飯後跟兒孫訴說的故事。有錢無罪，但這樣的背景塑造出來的性格實在不適合我。所以最後就讓我們好來好去，和平分手，帶着一點遺憾美讓我的王妃夢碎吧。

CHAPTER 5

在盧旺達以外

沒有了五光十色的繁華，
沒有了飯來張口的那種方便，
沒有了富裕國家的理所當然，
反而讓我回到了基本，看待任
何事情也少了一份執着。

#36

再見盧旺達

兩年半後終於離開了這間公司，離開了盧旺達。

這個決定本身不難，但說再見卻從來都不容易。回到香港，我喜歡這裏的方便。這裏的各種生活需要、物資、娛樂，應有盡有。

但不知不覺間盧旺達的小村落已經把我改變了。當然這也與年紀增長有關吧。我懷念那大自然的恬靜、懷念在自家農場摘蔬果吃、懷念晚上看到的滿天星河、懷念早上六時就已經被雀鳥的歌聲吵醒、懷念走在村落的小路上那些樣貌可愛但叫聲煩人的小山羊。我甚至有點懷念停電斷網絡、無事可做而靜止下來的時刻。也有點懷念因為生活間中沉悶而令我重新欣賞大自然。甚至有點懷念有些討人厭的小昆蟲。

離開了這種為農民服務的生活，離開了這種在地的工作，滿腦子是問號：究竟下一步要怎麼走？我還是想繼續做這種有意義的工作，也想繼續在發展中國家生活，繼續體驗不同的文化。某程度上在香港的生活比較方便簡單，實在沒有甚麼需要顧慮的，既不會停電又不會斷水。但我已在懷念盧旺達那種簡單：不用擔心能否趕上這一班地鐵、不用憂慮能否買到最新款手機、不會時刻監察着社交網絡有多少個 followers。

下一步該怎麼走呢？……

#37

「身份不明」的盧旺達朋友

我比約定時間早了到達咖啡室，在這個悠閒的下午先叫了杯飲品，無所事事地看着藍天白雲，聽着咖啡室播放的背景音樂。朋友 Yuhi 不一會便來到了，用一口流利英語與我打招呼，我們也用西方人的形式來了個朋友式擁抱，接着他便坐下來也點了一杯咖啡。

「最近過得怎麼樣？你那部電影剪接好了嗎？」我急不及待就向這位朋友詢問近況。

「還好，現在剪接得不錯了，還剩餘一點後期製作和最後的修改。」Yuhi 自豪地說道。

我是在離開了盧旺達，後來住在烏干達才認識 Yuhi 的。還記得我和 Yuhi 的第一次碰面，是在烏干達出席朋友家中的 Pizza 派對。因為在烏干達遇上了盧旺達人，所以我當時特別興奮要與他「相認」，那時大家也談論了很多有關盧旺達的事，也讓我懷念起在盧旺達的日子。

誰知那只是我以為的第一次碰面。那時候的 Yuhi 問我：「你不是我上次在那間餐廳碰到的中國女孩嗎？」事緣我剛到達烏干達不夠一星期，便和新認識的朋友去了某間餐廳碰面。我在等朋友到達時，有一位「本地人」走過來問我是否中國人。我不置可否，對於自己民族身份認同這個話題感到有點累了。這位「本地人」繼續向我解釋道，因為他是一位電影人，正在製作的那部電影內有中國人的角色，所以便走來向我詢問有否認識在烏干達的中國人。我心裏還一直覺得這位男士一定是大話連篇，隨便用個藉口和女生搭訕，所以態度也不太好地拒絕了與他繼續談論下去。

「哈哈，你那時候以為我也是烏干達人吧？」Yuhi 這樣取笑我。

「我這些外人沒辦法分別你們呢！正如你也沒可能把香港人、台灣人、韓國人、日本人等等都清楚地區分開來吧。」

「說笑而已，別擔心，我才沒有這樣小器，」Yuhi 這樣安慰我。「不過最後還是很慶

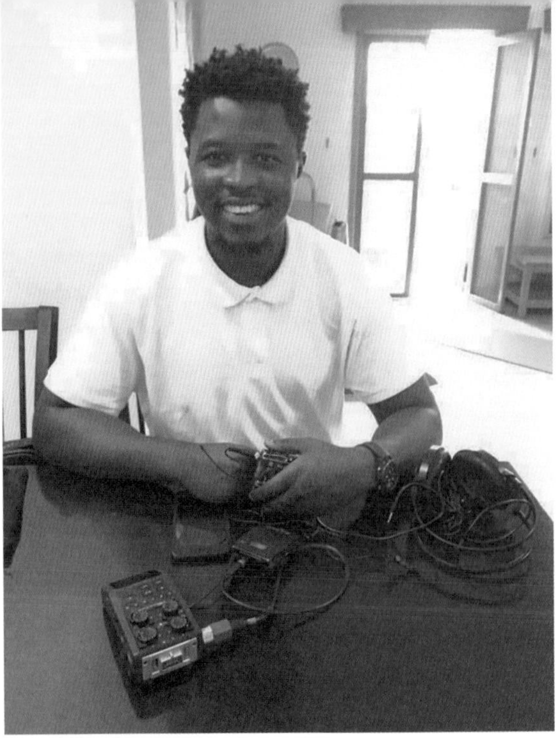

Yuhi 帶着基本的器材來我家，讓我為他的電影錄製一小段配音。

幸在那個派對中遇上你，也很感謝你後來願意為我的電影錄音呢！」

他那部電影最後成功找到了他所需要的亞洲男演員。有一位扮演中國人的其實是韓國演員，無奈他們找不到所需的角色，唯有用韓國人蒙混過關，然後再找中國人來配音。另外有一個沒有在畫面上出現的角色，是一位中國人女性上司，Yuhi 便找了我來幫他聲演。

沒有母語的電影導演

這位在盧旺達出生的朋友 Yuhi，接受過不錯的教育，大學讀的是法律系，但後來知道自己不想做這一行，卻又不清楚該做甚麼。當時的他對電影已經有點興趣，便報了一個電影製作短期課程。剛好遇上了有熱誠的好導師和其他鼓勵他的同班同學，他便決定嘗試進入這一行，慢慢的做下來，興趣越來越大，終於決定了要以拍電影為全職工作。

他作為一個盧旺達人住在烏干達，但看上來都是黑皮膚的非洲人，對我這個外人來說當然難以分辨。究竟身份認同在 Yuhi 的角度來看重要嗎？

原來 Yuhi 與我認識的一般盧旺達人大有分別。他長大於盧旺達西面的一個島上，名為 Nkombo Island。它位於基伏湖（Lake Kivu）裏，非常靠近剛果大陸。這個島只有大概一萬七千人口，他們甚至與「盧旺達大陸」說着一種不同的語言。我以前一向都以為盧旺達這個國家只有一種本土語言盧旺達語（Kinyarwanda），不像其他非洲國家有幾十種部落語言，令同一個國籍的人都未必能互相溝通。但 Yuhi 終於讓我認識到，原來在盧旺達也有着另一種語言。

他們在這個島上說的是 Kihavu，有點像盧旺達語、剛果某個本土方言以及東非比較普及的斯瓦希里語（Swahili）的一個混合語系。如果這個島上的居民用 Kihavu 說要上岸到大陸那邊，在這個語言裏的直接意思是「要去盧旺達」，說得像他們根本不是盧旺達一份子似的。

Yuhi 的童年並非留守在這一個島上而已。他於一九九三年在首都基加利出生，隔年盧旺達大屠殺便發生了，他父母帶着他一起逃難到鄰國剛果，在那裏住了幾年。當時的他對着爸爸是說法文的，因為在當地（以及其他法語區域殖民地）說法文的話被視為更高級和正式，也能向對話者表示更多尊重。他有時也會說 Bukavu，是剛果在當地的方言，可算是一種剛果版本的斯瓦希里語和法語的混合語言。

在大概一九九八至一九九九年間，由於當時所發生的「非洲大戰」，令盧旺達人不再受剛果人歡迎，所以他們舉家搬回去盧旺達，住進了這個他父母長大的島嶼。這個 Nkombo Island 整個島上只有三間小學，這時期也是 Yuhi 第一次在學校內正式學習盧旺達語，所以讓他一開始學習感到困難。作為一個不懂說盧旺達語的盧旺達人，也讓他感到有點難以融入同學之間的圈子，用了好一段時間才能適應。由於童年時期已經流浪經驗豐富，又要因應情況所需而學習不同語言，Yuhi 說他覺得自己並沒有一個語言算得上是母語，而來到這一天他說得最流利的可要算是英語。

不介意討論大屠殺的盧旺達人

「你知道我跟隨父母到這個島上居住，最驚訝的是甚麼嗎？」Yuhi 這樣問我。

「是文化差別嗎？這裏這麼接近剛果，應該和你在剛果長大的地方不會差太遠吧？」我這樣猜。

「文化差別沒有我想像中大。我最大的驚喜，就是第一次遇見我的祖父母！」Yuhi 說，他小時候已經留意到自己父母雙雙健在，已經比身邊的朋友幸運得多。因為盧旺達的大屠殺和涉及剛果以及多個國家的非洲大戰，身邊因此失去父母的朋友也不少。Yuhi 自己的父母沒有提及其他親戚，所以當他們向 Yuhi 介紹祖父母時，那時十歲還不夠的小 Yuhi 天真地想，原來大人們也有自己的爸爸媽媽的！

「那麼我可以繼續問你其他有關大屠殺的問題嗎？你似乎完全不介意談及這件事。」這是有點出乎我意料之外的。我一向感到要從盧旺達人身上認識大屠殺是很吃力的，即使是身邊最好的盧旺達朋友，也過了很久才願意敞開心扉和我討論此事。我和 Yuhi 在烏干達才認識不夠幾個月，他便毫不介意談論這個話題。當然，這應該是因為他和他最親近的家人都沒有直接被大屠殺影響到，再加上他早期的童年不在盧旺達長大，所以沒有甚麼切膚之痛吧。

「你之前說得對，我從小留意到自己有爸爸和媽媽是與別不同的，我也不會隨便向同齡的朋友提及父母。」Yuhi 繼續為我解釋，這也確認了我一直不向盧旺達朋友提問家裏的事是個正確的選擇。就連早陣子盧旺達總統卡加梅的母親過世，總統也沒有大肆宣揚這件事。雖然母親過身是件傷心事，但如果總統要求全國一起和他悼念的話，就等於在炫耀自己的母親能夠活到這麼大年紀才離開。

「不過在那個島上，我們相對地不太受到大屠殺的影響。」Yuhi 說在大屠殺後的蓋卡卡民間法院，整個島上只有十個人被審判。在大屠殺一百天期間，甚至有許多人從盧旺達大陸逃難至這個島上尋求庇護。

Yuhi 的跨種族婚姻

我知道在大屠殺後兩族通婚是幾乎不可能的事，也趁這機會向 Yuhi 確認一下他的資訊和想法。

「那倒是真的，我看身邊兩族通婚的人似乎都沒有好下場。」Yuhi 舉例說他身邊有一位圖西族女性朋友與一位胡圖族男士結婚，惟這場婚姻捱不了多久，最後離婚收場，因為女方家人實在無法接受這位胡圖族男性。Yuhi 也有其他圖西族朋友選擇與圖西族人結婚，純粹是為了配合父母意願。

「那你的家人對於你和一位白人女性結婚，有意見嗎？」Yuhi 的未婚妻來自荷蘭，他們是在烏干達認識的，本來已經差不多準備好要結婚，不過現在因為新冠肺炎事件唯有把婚期押後。

「這個他們倒是沒所謂，」Yuhi 臉上流露着一絲甜蜜的笑容說道，「反正我父母本身就沒有被大屠殺影響太多。相信即使是仍然心存仇恨的圖西族盧旺達人，只要自己子女並非與胡圖族人通婚，其他不論是歐洲人、美國人、亞洲人等等，他們都不會太反對。」他繼續分析道，他的成長背景令他感到自己有點像「第三文化小孩」，所以對於國籍、民族、文化等等的身份標籤沒有甚麼執着。「第三文化小孩」在英語裏叫做 Third Culture Kids，通常是指那些父母來自不同種族文化，或者從小在不同地方長大的小孩，沒有很明確的家鄉，對於「你來自哪裏？」這種問題也沒有明確答案。

Yuhi 到底是誰？是我的好朋友

閒聊着，不知不覺太陽也快下山了，我們手中的咖啡也喝完了。「我差不多該回家了，想在天黑前步行回去。」這間咖啡室離我家只不過十至十五分鐘的步行時間，不過烏干達沒有盧旺達這麼安全，我始終不會自己一個女生入黑後在街上行走。

「你也回去忙着籌備洛杉磯電影節的事吧？」我為他配音的那部電影成功入圍了洛杉磯某個文化電影節。對於我這種小市民來說也許不特別留意到這種另類製作，但對於一位非洲本土出生的電影導演來說，是對他電影生涯旅程中一個很重要的鼓勵。

「對，三星期後便要飛往洛杉磯了。其實現在還未百分百肯定我會出席，畢竟這趟旅程的機票和花費太昂貴了，我正在籌募資金和捐款。」

「這種電影節不會資助你的費用嗎？」我問道。他說一來這些電影節規模細小，二來籌辦單位都知道參影的都是新晉和未有知名度的電影人，所以即使要自資也會樂意出席。

「祝你電影節成功！要拍許多許多照片放上網和我們分享喔！」我和他又再來了個西式的再見擁抱，然後各自回家去。

Yuhi 的「身份不明狀況」讓我想到，歐洲殖民國在撤離時根本沒有尊重非洲各個民族和部落的自治權，在非洲大陸這片土地上隨便用幾條橫直線劃分土地，為非洲人隨便界定國界，難免會造成民族之間的紛爭和模糊的身份概念。雖然說劃分之後幾十年或幾百年下來，每個國家總會發展出自己的文化，但非洲人會否更在意自己的種族部落身份？作為群體動物的人類，天生需要在身邊的社交圈子內尋找歸屬感。但這種歸屬感和認同感，可以在怎樣的領域尋找呢？從 Yuhi 身上，我感受到一種很和諧的自信：雖然他有着盧旺達人的身份，也有過流離失所的童年成長故事，但他似乎沒有太執着於這種外在的身份認同。與其說他是一位盧旺達人或者一位非洲人，我更想形容他是一位電影人，或者我的一位好朋友。

在回家的路上，看着與我擦身而過的人，都是黑皮膚的人。但我當初也誤以為在烏干達遇上黑皮膚的 Yuhi，他就一定是烏干達人，有誰想過他原來是盧旺達人呢？走在烏干達街上的非洲人，又有幾多是本地人，有幾多是從其他非洲國家來的，他們又帶着甚麼身份，身上有着甚麼故事呢？

#38

「我來自南非」——一位香港女孩的自我探索

Angel和我一見面，就來一個慣性的西方朋友之間的擁抱。不像我大部分香港朋友，即使和他們熟絡，見面時通常沒有任何身體接觸。

Angel最近忙於執拾家裏東西，要把大部分物件都搬回她父母在元朗那邊的家。作為一個「南非家庭」，Angel的父母卻住在村屋裏，屋門口更很傳統地掛上了揮春和燈籠，與我印象中的Angel構成了很鮮明的對比。

「我想像不到自己在家裏已經積聚了這麼多東西呢！」Angel已經搬離父母的村屋有七年多了，囤積些東西也很正常的。「我執拾時還找到在南非讀中學時的一些舊日記本，還有以前同學寫給我的信件！」我以為自己和Angel已經是很好的朋友，但這一刻的她，比我記憶中感性了一點。「太多東西了，但我不想把日記和信件都丟掉，我也不想失去以前那個自己。」

Angel害怕失去的，是一個怎麼樣的自己？

懷緬舒適怡人的南非

Angel的父親因為公司在南非有廠房和生意，他便在一九八三年帶着太太由香港調派往南非。當年的南非比現在安全，物價指數又比香港低，連當時的南非幣值也比起美金稍為高一點，所以搬到南非居住也許能為他兩夫婦帶來更舒適的生活。

到後來，他們覺得讓孩子在南非長大也是個不錯的選擇。南非沿用英國教育制度，他們未來的小孩可以接受更好的教育，而且比起留在香港，一定能說得一口更流利的英語。這大概就是為甚麼我與Angel認識的時候，完全聽不出她有任何南非口音。那時候我以為她只是在香港讀過英式國際學校，而且到今天她仍然有點英國口音。

和Angel認識了這麼多年，我發覺我居然沒有問過這個問題：她最懷念南非的甚麼呢？

「I miss the space!」這是她不用多想就衝口而出的第一個答案。我認識許多在香港居住的外國人，都不約而同地懷念在他們國家所能夠享用的空間。我自己在盧旺達和烏干達居住時，也能夠用比起同齡朋友在香港便宜一半以上的租金，享用到要大上兩倍或更多的空間。由獨立洋房搬來到香港這個石屎森林，難怪 Angel 想念南非廣闊的空間。

她記掛着的還有南非的氣候，那個比香港更舒適但仍然維持一年有四季變化的氣候。「別人都以為南非很熱，以為我住在沙漠裏！」這一點我也非常明白，我們兩人都笑了起來。我住在差不多海拔一千米的東非城市，有時天氣涼得我要戴上頸巾，回到香港卻總被質問我為甚麼在非洲沒有被曬黑。兩年前的六月和朋友到南非開普敦旅行，是當地的冬季，更遇上狂風雷暴。我們不幸地有一半時間都沒法出門觀光，冷得躲在朋友家中的火爐旁邊取暖。

治安欠佳的南非

居住在南非，治安難道不是一個重要考慮嗎？雖然 Angel 的爸爸說那時候相對安全，總不至於安全到像香港一樣吧。

Angel 家中兩隻既能看門口又是好朋友的大狼狗。

像其他中產或華人家庭，在 Angel 長大的那間屋裏也有閉路電視、保險箱、還有兩頭大狼狗（養狗是最基本的保安措施）；其他更有錢的華人家庭更加有在大閘駐守的保安人員。

更重要的，是她爸爸在家裏放着一支手槍。哦，這才開始有點像我想像中的南非呢。我一直以來從身邊朋友或者書本上得知的南非故事，一定有被搶劫或者綁架這一環節。印象中不論是南非的 Expat 或者旅人，「被搶劫」幾乎是那種「十大深度旅遊清單」的其中一項，大家都做了最壞的心理準備。慶幸 Angel 在南非長大的十八年，家中那支手槍一直沒有用武之地，也從來沒有面對過任何人身安全的威脅。也許我們外人所聽見的南非故事，總是有點嘩眾取寵的，否則怎能吸引一眾充滿冒險精神的背包客呢？

不過在整體治安欠佳的南非長大，Angel始終是帶着比一般人更高的防衛意識。她現在和我在香港一間餐內談話時，手提電話可以很放心地隨便放在餐桌上；她平日走路時也許會把電話和銀包拿在手上，又或者會在街上用電話傳短訊等等，這一切，在「財不可露眼」的南非，她都不會做的。她剛剛搬來香港時，仍然帶着那種已經習慣了的自我保護意識。過了一段時間，她才適應了，在香港的街上可以拿着電話走路而不用提心吊膽。可是即將要搬往倫敦居住的她，已經開始被她的英國男朋友說教了。男友說她搬到倫敦後，要把以前的防衛意識再搬出來，因為倫敦其實不及香港那麼安全！

這朵南非的「溫室小花」

在香港人的眼中，Angel是幸運的：在國外出生和成長，說得一口流利的英語（英語才是她的母語），又在南非這樣一個獨特和神秘的國度認識許多不同背景的朋友，不像我們香港人這般困在這個如此狹窄的城市。我們每個香港人，不都在年紀還很小的時候就知道我們只是在地圖上細小的一點？我們誰不希望有天能夠探索這一點以外的地方，一個在地圖上起碼看得到邊界和範圍的地方？

但對Angel來說，南非就是她的日常，她不覺得南非像別人形容得那麼神秘，那麼與別不同。相反，在一個需要考慮治安和人身安全的國家，她過着的是被家長保護着的生活，幾乎是一朵長期被小心翼翼地呵護着的溫室小花。

「某程度上，我覺得自己好像沒有經歷過真正的南非生活，好像沒有見識過真正的南非。不論我到哪裏，都需要父母開車接載。如果和朋友外出或者到她們家中過夜的話，就有朋友或者她們的父母幫忙接載。當時我沒有駕駛執照，所以活動範圍和個人自由大大受到限制。」

Angel平淡地道出在南非成長所缺乏的自由，但卻不似是在抱怨；畢竟那已經是她認知裏面的正常生活方式。「搬來香港居住，我很享受這個細小的城市為我帶來的獨立和自由。在香港乘搭地鐵幾乎是我人生第一次使用公共交通工具！這種從沒有經歷過的自立能力，讓我感到非常興奮，好像終於得到解放。」所謂外國的月亮特別圓，人總是羨慕自己所沒有的。當我們香港人很羨慕Angel那麼獨特的南非背景，她竟然興奮地讚嘆着香港人所討厭的，每天像沙甸魚那樣擠迫的地鐵通勤！

因為公司職務關係，讓 Angel 即將可以調往倫敦的總公司工作。相信對她來說，不只是職涯上的一個機會，更是讓她踏出去繼續探索世界的重要的一步。

南非——「彩虹之國」

「多元化」，這是一個褒義詞還是貶義詞？還是它是一個中性詞語，只是由環境、情況及有關人士去為它冠上一層意義？

Angel 喜歡南非社會的多元化，在她成長過程中的社交世界都是由各種不同背景的人組成的。出生在種族隔離政策正式被廢除的那一年，雖然在幼稚園和小學時仍然就讀白人學校，但來到中學時期，她已經能夠在學校與各種膚色的人相處（但即使來到今時今日，種族歧視在南非是依然存在的）。

被稱為「彩虹之國」的南非，國歌中包含了十一種官方語言中的其中五種。最多人說的語言是 Zulu，Xhosa 和 Sesotho，Angel 在學校的本地黑人語言 Sesotho 這一科目當中更是考得第一名。反觀英語，其實只有十分之一的南非人口能夠流利使用，而且更多

華人朋友圈攝於二〇〇三年的一張照片，當中以台灣華人為主。

是外國人，特別是印度人。本地南非白人最常說的是Afrikaans（由歐洲語系演變出來的南非語，又稱「荷蘭非洲語」），但這個語言在本地黑人之中並不常用。

在南非的亞洲移民人口當中，台灣人佔最多，而Angel讀書時的兩位最好的朋友也是台灣人。至於香港人，她認識的只有幾位。這些「香港人」每年從南非飛回香港渡假探親的次數頻密，他們都很跟得上香港的潮流，說得出歌手和明星的名字，而Angel則一直不太關心香港的時事或八卦新聞，也從來沒有聽廣東流行歌，沒試過唱着「女校男生」或者「十六號愛人」上學去。

在華人圈子以外，Angel也與校內其他人

就讀 Grade 9 相等於香港中三的 Angel，是當時班上唯一的華人。

成為好朋友，不論是黑人、白人、印度人、黑白混血兒、或其他亞洲人等等。在全女校讀書，她那所學校大概每班三十人左右，每級有五班。那時候她的年級總共只有五位亞洲人，她更是在自己班來的唯一一位華人。

回想讀書時期的朋友圈子，Angel 說南非黑人是最友善和最接納外國人的，這「外國人」也包括了「外地白人」：多數是歐洲或美國的白人，跟着做生意或者是外交官的父母來到南非居住。在眾多同學當中，最自成一角，最排外的，是南非的「本地白人」。這也難怪：如果在南非的白人在種族隔離期間已經習慣了只與自己種族的人交流，只遊走在一個密封的、享有特權的上流白人社會，又怎會因為隔離政策被取消了而一夜之間與南非黑人打成一片呢？

Angel 小時候在南非和朋友的日常相片。

採訪 Angel 那天回家後，我自己也上網搜尋了一下有關南非現在的教育制度。看到有幾篇新聞提及在二〇一九年初時，在南非的學校裏似乎仍然存在着某程度的種族隔離。有在社交媒體上流傳的一張照片，看到學校老師如何把黑人和白人小孩安排在兩張不同的圓桌上，令許多黑人家長憤怒指責該名老師如何把種族歧視的不公義延續到今時今日。對這些黑人來說，多元性又代表着甚麼呢？

這件事與 Angel 的看法吻合：她認為南非是一個有多元性，但缺乏包容性的社會，亦未能做到所有種族平等、和諧共處。種族歧視在南非，以至世界許多角落，都仍然是一個嚴重問題；分別只在於你屬於這個多元性來的大部分還是少部分；在於你是有權力的一群還是被權力打壓着的一群。

討厭回流香港，卻從香港看見了世界

Angel當時極不情願搬回香港，更因為這個決定而生她媽媽的氣。對她來說，香港只是個陌生的地方，是個全新而沒有任何社交圈子的地方。

由於南非位於南半球，所以像澳洲那樣與香港的學校年度差了半年。在中學畢業後回港，Angel有半年時間幾乎完全沒事可做，而且感到非常孤單寂寞。她到親戚的家族生意幫忙了一會兒，但在那裏沒有認識到新朋友。她也到法國文化協會去上課，但其他同學一到下課時間便離開，不像外國人那般喜歡在課後聚在一起互相認識交流。

到大學開課時，事情漸漸有好轉。在中文大學的迎新營內，她成為了所有同學的話題，全部人都記得她是那位「南非女孩」。別人都對她的故事很感興趣，很想知道她在南非長大的經歷，她甚至因為這個特別的背景和如此受矚目的程度，被選為「學院小姐」。

Where are you from?

「你來自哪裏?」是條終極問題。香港人對於 Angel 的背景是如此好奇,「Where are you from?」這條問題問到 Angel 都覺得有點厭倦和無奈了。她甚至覺得,「別人只記得我是那個南非女孩,而不記得我叫 Angel。」

我雖然不像 Angel 這般在國外長大,但面對別人對我非洲故事的好奇心和鍥而不捨的追問,我大概明白到 Angel 的感受。有時候我亦覺得別人只知道我是那位「非洲女孩」,而沒有打算了解我的本質,沒有看到真正的我。然而,誰是那個「真正的我」?誰是那個「真正的」Angel?那些別人有興趣的非洲故事,不是正正是我們的一部分嗎?

而眾人對於這位南非女孩的好奇心,竟然為 Angel 帶來了一種無形的壓力:「當別人發現我並非如她們想像中那般『非洲』,好像有點失望,好像我沒有盡責地為她們帶來一些精彩的非洲故事。就像我們現在這個訪問一樣,我沒有甚麼有趣的南非故事可以讓你寫出一篇文章吧。」

我向Angel保證，她的故事很有趣，而且其他人，包括我在內，都沒有資格判斷她夠不夠「非洲」。難道我們希望聽到她告訴我們，媒體上看到的都是真的，南非是非常危險的，或者她是在撒哈拉沙漠或者森林裏長大的，或者她應該要被搶劫綁架了好幾次，又或者她應該是那種過着皇帝般奢華生活的有錢華人？別人期待在Angel身上聽到甚麼非洲故事並不重要，因為Angel的確在南非長大，經歷了十八年的南非生活，是確切地帶有南非靈魂的女孩。

那麼，究竟Angel怎樣回應「你來自哪裏」這條問題？「我通常會回答我來自南非。但現在我離開已經有十年多了，實在不能說自己是個南非人。同時我也不能說自己是個香港人，我不覺得自己屬於香港的。但我們一定要提供一個單一答案嗎？我就不能說我是某人的女朋友，某間公司的職員，某人的女兒嗎？」

沒錯，Angel很幸運地成為了「某人的女兒」。Angel的爸爸知道我要寫關於她女兒的故事，即使臥病在床都很興奮地要為我提供資料和寫作素材。我問uncle，自己和女兒的成長背景如此不同，感覺和女兒之間有甚麼文化代溝嗎？「不論Angel在南非還是香港長大，她始終是我和太太的寶貝女兒，這一點是不會變的。」他那麼輕描淡寫的一句，竟然讓我眼泛淚光。

「但我們還是希望 Angel 可以說好廣東話，這也是我們決定搬回來香港的其中一個因素。」父母的根在香港，希望女兒也至少能說好廣東話。的確，Angel 的廣東話不太好，每次我們見面聊天不到幾分鐘，就很自然地轉換到全英語頻道。雖說語言不是表達情感和關愛的唯一渠道，但她也認同因為自己廣東話說不好，父母的英語也不夠流利，所以她與父母之間似乎總有一些更深入的交流未能準確地表達。在繁忙於照顧年老父親的這段時期，對 Angel 來說，這一刻最重要的身份就是「女兒」吧，其他甚麼香港人的非洲人的，其實都不重要。

我和 Angel 的共同結論是，自我身份探索是一個漫長的旅程，也許沒有終結的一天，因為人的身份和文化認同並非刻劃在石頭上的字句，而更像是隨着年月改變的沙灘上的堡壘。Angel 的身份，其實和你我一樣，可以有不同的方法詮釋。無疑她是一位「第三文化小孩」——夾雜在多種文化中生長的人，沒有單一文化身份。但即使這個身份的定義，本身亦是模糊的；所有不能被簡潔定義為某種文化的人，在人口普查時想要揀選「其他」那一格的人，都被歸納在「第三文化小孩」這個盒子裏。

在Angel的鬼妹性格和華人臉孔的背後，我看到另一個身份：她是一位流浪者，一位探索家。在二〇一八年，一次到尼泊爾旅行時，她在珠穆朗瑪峰的基地營遇見了其他主要是來自歐洲的背包客。「當我們在分享大家的旅遊見聞時，他們每個人因為踏遍了五湖四海，都有許多有趣的故事和大家分享。當大家知道我來自南非時，都感到驚訝和好奇，但我卻其實沒有像他們般見識過這個世界，在他們的討論當中我搭不上嘴。」那一刻，她清楚知道，她想繼續探索這個世界，因為在南非和香港以外，還有許多她未見識過的國度與文化。

帶着南非靈魂走向世界

這位來自南非的「溫室小花」，已經長大成一個堅強並且獨立的個體了。Angel這朵小花，並非因為家裏有錢，也不因為她有公主病，而是因為生在南非這一個治安欠佳的國家，正常的父母都逼不得已要更加保護自己的小孩。舉家搬遷回到香港，讓Angel嚐到自由的滋味和體驗華人文化，讓她終究要面對自己的身份認同問題和探索。

那麼她在執拾舊日記簿時所害怕失去的那個自己，到底是誰呢？那不是某一個時間點，某一個照相機定格內的她。那是她個人歷史的其中一頁，是她不想忘記的一部分。「我永遠不會是百分百的南非人，也不會是百分百的香港人。」她永遠會是一位文化混血兒，遊走在不同的文化身份之間。但她可以永遠做最真實的自己，可以繼續探索，繼續雕琢和改善她未來想要看到的自己。像龍應台所說的，我這位朋友是一個心裏面有窗的人，但那扇窗打開得還未夠寬敞。因為她的好奇心，她對這個世界的求知欲，她必須再度走出去，才能看到窗外一個更大的世界的風景，呼吸更新鮮的空氣。

即將搬往倫敦居住，Angel 近來非常忙於執拾。許多瑣碎的日常用品，她不太擔心，畢竟可以到埗後在那邊添置。對於這位感性的朋友來說，面對着日記簿這種滿載回憶和意義的東西，她覺得更難取捨，傷透腦筋。

「這麼多東西……那我應該把這幟南非國旗也帶走嗎？」

我知道 Angel 一定會把它帶走的，因為「南非」已經永遠烙印了在她心裏一個角落。

#39

去非洲，只是其中一個選擇

我近來收到幾位讀者的訊息，說希望能夠像我一樣到非洲工作，或是在非牟利機構工作，為發展中國家出一分力，並希望我能分享我的經歷及貼士，以及是如何入行的。對於有其他香港人對這一類工作有興趣，我實在非常高興，因為不只是大家有機會認識到非洲這片大陸，更開心的是大家願意發掘一條社會沒有給你鋪好的路。

回想當初來非洲工作的決定，現在仍然覺得不可思議，但同時又已經變得那麼理所當然。雖然從小時候就已經很想做一份有意義、可以令世界更美好的工作，但即使四五年前也沒有想過會在非洲定居一段日子。

人生真的每一步路都可以走得很奇妙。如果當初在香港不是認識了將要去紐約工作的男朋友，也許不會辭掉香港的工作到紐約修碩士。如果不是選修了那間不太有名氣但很鼓勵學生追求理想的學校，我有也許不會得到前往發展中國家實習和工作的機會。到後來如果不是跟那位男朋友分手的話，我有可能不會離開紐約，不會來到盧旺達工作，然後只是在美國找一份正常穩定的工作，卻可能後悔一輩子沒有嘗試為發展中國家貢獻甚麼。

很多人說為甚麼你夠膽去非洲，那裏安全嗎？沒有打仗或內亂了嗎？不怕小偷或劫匪嗎？對於非洲或盧旺達沒有認識之前，我的確有對人生安全擔心過。像我一開始提及過的，第一次去烏干達做暑期工前，出發前的一個晚上我還害怕到哭呢。雖然這些眼淚沒有白掉——因為我在烏干達時真的半夜有人潛入屋偷東西！但那是別的故事了，在盧旺達這裏的生活真是挺安全的，也不需要擔心治安。

所以，如果我真的要說自己大膽的話，那份勇氣不在於去非洲，而在於夠膽走一條不同的路。說不同，不僅僅是因為我選擇了非洲。也是因為我離開了商界的穩定工作，沒有「乖乖」地在那裏慢慢等升職，扶搖直上。大學讀完 BBA 之後，沒有「按章」去讀 MBA，而是讀了國際關係與發展這種不會賺大錢的科目。讀這一科的同學其實也可以找到一份高薪又穩定的工作，例如是聯合國這些大機構。但我在聯合國工作了短短的六個月後，覺得不適合，所以又「放棄」了這些平步青雲的好機會，走到一些更貼地的機構工作。

但也不能說完全不同，因為這也是我事業發展的一部分。我是過來非洲工作的，不是來玩的，也不只是來做義工的。我們有務實要處理的工作，也有像在香港辦公室對着電腦做 excel，也有跟老闆開會談策略、談公司發展方向的時候。

我常跟朋友笑說，我從來都不是當醫生、律師或 i-banker 這些高薪工作的材料，所以選擇了非洲這份收入很普通的工作，我的 opportunity cost（機會成本）也不是那麼大，我要放棄的其實沒那麼多。我覺得「放棄」這個詞語不能隨便用；它意味着你的選擇可能是不對的，也可能指沒有被選擇的那條路才是比較好的。但人生本來就是由一大堆選擇組成的，由吃甚麼早餐、買哪件衣服、到讀哪所大學、與誰人結婚，哪一個不是選擇？只要做選擇的時候，知道自己想要的是甚麼，那就沒有「放棄」之說。

我知道我要的不是一份穩穩當當讓我早日買到樓的工作。我知道我不一定要在某個年紀結婚，在某個年紀升做總經理或 CEO。我知道我要的，是在我離開世界的那一天，回頭看自己的一生，知道我曾經是個對這個世界有用的人，曾經至少有一個人因為我的存在而令他的生活變得美好了一點點，開心了一點點，那我就沒有在這世上枉過了。

所以，不論是在香港做一份穩定的工作，或是到非洲體驗不一樣的生活，那都只是世界上許多許多選擇的其中之一。如果你是有能力選擇的人，那你就已經是幸運的，希望你也能夠為你的工作及人生作出適合自己的選擇，而不是 by default 選擇了社會認為你該走的那條路。

#40

不是追夢，而是生活

在執筆寫到最後之時，我其實人在烏干達。

離開盧旺達後，老實說我沒有想過會再回到這片大陸，又或者至少不會馬上回去。開始時打算在東南亞其他地方找工作，畢竟在世界這一端也有許多發展中國家，我的工作經驗在這邊也用得着。但我在東非已經建立了一定的人際網絡，再加上可能心裏面其實留了一個位置給非洲而不自知，所以經歷了漫長的求職（失業？）過程，輾轉之下還是回到了東非。

烏干達與盧旺達生活對比

在烏干達住下來有差不多一年了，雖已經習慣，但我總是懷念盧旺達。非洲這麼大，即使我只是居住過在兩個國家，也感受到不同的環境和文化有着自己獨特的性格。像我這種內向、需要私人空間、享受每天晚上獨自悠閒時光的人，盧旺達是比較適合我的國家。當然，是因為我在盧旺達生活的經驗大部分是在遠離繁囂的小村落裏，所以特別的感到恬靜。但即使來到首都基加利，喜歡簡單生活的人也可以享受到足夠的呼吸空間。基加利的性格和我很像：這是一個細小的城市，盧旺達人也話不多，大部分時間輕聲細語。日常需要的用品和設施基本上不缺，但不會有太多華麗、光鮮、奢侈的物品。黑夜來臨之後，堅決要去飲酒和跳舞的人自然找得到適合派對的地方，但像我這種喜歡早睡早起的，也多數能夠宅在家中隨意地渡過一個晚上。

如果你是沉迷夜生活的派對動物，應該會更喜歡烏干達的首都坎帕拉。雖然比起許多非洲民族來說，烏干達人算是文靜的了，但對我來說已經太外向，說話太大聲了。但這個城市的嘈吵大多是友善的，在我眼中看來的客套和寒暄，通常是本地人對我真心的問候。

坎帕拉人多，餐廳和商場也比基加利多，酒吧和舞廳也很多。這裏治安不及基加利好，入夜之後我不會自己一個在街上行走，對於外出晚餐後乘搭回家的交通工具也會小心思量一番。但這裏的朋友似乎沒有我那般緊張，也比較喜歡和享受這裏的夜生活，所以初來甫到時我經常面對朋友之間那種「你不是這麼早回家吧？」的社交壓力。但久而久之朋友對我認識加深之後，都都明白我是個日入而息的古時生物，所以通常九點、十點鐘左右時左右我就會離開飯局，回到家裏靜靜地看本書準備入睡，由得這個城市繼續夜夜笙歌。

當追夢變成了生活

還記得七年前我寫過一本書，當時在自我介紹當中，我提及到我的志願是要旅居於不同的國家。如果每個地方住上兩三年，那麼到退休的時候應該能夠體會過至少二三十種文化吧。

現在回看當時的志願，似乎我的確有一步步地實行。去非洲變成了不再只是看動物，而是要懂得在這裏舒適地生活。

不再只是和一群黑人小朋友拍照，然後放上網讓別人看到你多有愛心，而是要小心這些非洲小孩會否在你面前撒尿；他因為對你的「白」皮膚很好奇而想要握你手時，你擔心他乾不乾淨；或者年紀大一點的青少年你會擔心他們是否成群結隊的童黨來偷你的東西。

不再只是享受這裏比較便宜的物價指數，不是真的活得像個皇帝那樣奢華，而是要接受在落後國家所沒有一些基本設施和享受，要在停水停電的時候也懂得找其他事情來做。

不再只是在一個短期的旅行或義工體驗後就拍拍屁股走人，而是會擔心工作上表現得好不好，明年會不會升職加薪，或者自己在非洲做的工作是否仍然有貢獻、有意義。

不再只是在社交媒體上炫耀自己在非洲的經歷，而是要與家人朋友保持緊密的聯繫，讓他們知道你在非洲過得安全。

浪漫神秘的非洲生活，變成了我的日常。的確有時候是浪漫的，但絕非容易。特別是對於來自亞洲文化的人來說，我變成了一個不孝女：長期不在家人身邊、遇上不如意的事又要讓家人擔心、在非洲認識不到香港男生作為另一半，又讓家人擔心我從此不會回香港落地生根。

不論是盧旺達還是烏干達，不論你喜歡大城市還是小村落，非洲的生活節奏一定與香港不同，所能夠提供的物質上的享受也一定有分別。但許多一開始看來是艱苦或未如理想的經驗，後來發覺其實是讓我更加細細回味的記憶。沒有了五光十色的繁華，沒有了飯來張口的那種方便，反而讓我回到了最基本，看待任何事情也少了一份執着。正正是有了這種簡單和緩慢，我覺得我似乎是來到非洲後才懂得甚麼是真正的「生活」，而並非僅僅匆忙地「生存着」。

朋友常問我，我這樣遊走於不同國家之間，不累嗎？是的，有時候會感到累，想定下來，但更多時候我仍然想繼續探索，繼續去更多不同的地方旅居。

因為這個世界實在太大了。

附錄——

非洲求職攻略

由於有朋友和臉書專頁的讀者對於在非洲工作有興趣，所以我決定分享一下有關在這裏找工作的經歷。有關非洲的求職攻略，沒有既定模式。我把幾次非洲求職經歷的重點結集如下，但如果讀者們覺得自己未稱職的話，不用太介意，因為在非洲這片大陸一定有無限的可能性。

要擁有相關的學位嗎？

首先，大家可能會好奇問，是否一定要擁有與國際事務、國際發展、人道救援有關的學位呢？我認為這並非必要。我當時讀完這樣一個學位之後在盧旺達的第一份非洲工作，被取錄的其中一個重要的原因，正正是因為我以前有過在私人商業機構工作的經驗。現在許多慈善機構的工作文化也越趨商業化，反而有時會擔心只在慈善界工作過的人，沒有那種商界的創意、做事效率和幹勁等等。

在非洲工作的競爭大嗎？

第二，在非洲工作的競爭大嗎？這個不能一概而論，其實和全世界求職市場一樣，一定有一些簡單又唾手可得的職位，同時也有一些要過五關斬六將的。我認為既然老遠走到非洲工作，就要小心認真，選擇真正適合自己的公司與職位。我嘗試過找的幾份工作，全部需要三輪或以上的面試或者提交書面作答的題目。我盧旺達的那所機構更加在行內是出了名的嚴格；我最後一輪面試更是由機構支付費用，讓我飛到盧旺達那邊做一個三日兩夜的「面試營」。

最後，那麼大家應該會問，究竟有怎麼樣的經驗和技能才能到非洲工作呢？其實這個和上面兩點都有關係：簡單點說，在非洲工作的種類應有盡有，如果有心尋找的，總會有適合你的工作。例如有我這種商界出身的人，我身邊也認識很多從銀行或投資銀行、或者是顧問公司這種行業出來的人。也有一些人有特定的技能，由設計、寫程式，以至數據分析、人力資源等等，你想得到的幾乎都有。這是因為不論是聯合國還是一間小型慈善機構，基本上都是一間公司，而每一間公司的運作所需要的人才都大同小異。就看你想留在西方國家為一間銀行當內部設計師，還是用同樣的技能走到非洲去投身一間中小型的非牟利機構。

雖說學業背景和專業技能對於去非洲工作沒有一定保證，但某程度上的發展中國家工作經驗，以及對於在非洲工作和生活的熱情，絕對能夠影響你被取錄的機會。除非是有相關學歷或一畢業就開始在發展中國家做這類工作，否則都應該考慮到如何向僱主證明你是真的有興趣。例如可以參加短期的海外義工計劃，或者直接去信非洲或發展中國家一些小型慈善機構，通常他們都很樂意接受短期義工或實習生，雖然這些資源有限的機構也許未能提供任何資助。我很慶幸地在就讀碩士課程時候就跟隨學校安排的暑期實習課程到烏干達實習了兩個月，這段經歷對於後來申請在盧旺達的工作也有幫助。不過我也有同事完全沒有發展中國家的工作經驗，但因透過其他工作經歷及出眾的遴選表現，也成功進入了我在盧旺達的機構。

另外值得一提的是，即使並非僱主要求，我也極力鼓勵大家去非洲工作之前盡可能有發展中國家生活的經驗。財政能力許可的話，更可考慮自費飛往工作地點親身考察一下。我就曾經非常鼓勵一位女性朋友抓緊到肯亞難民營工作的機會，而這也是這位朋友第一次長時間獨自出國。後來到埗後，她發覺那裏的生活模式非常有挑戰性，甚至比她

我懷念的工作團隊。

想像中更要困難，幸好這位堅強的女生還是撐下來了，否則我這位勸喻她去非洲的朋友就會很內疚了。

盧旺達與烏干達工作經驗對比

老實說，這題目是有點誤導性的，因為我在兩個國家的工作機構和環境本身就大有不同。我在盧旺達的公司比較大，較多外籍員工，住的地方又在鄉郊的小村落。現時在烏干達的工作，公司的辦公室員工（不計前線銷售員）只有十幾人左右，我剛進這公司是只有我和我的經理兩個外國人，再加上居住在首都坎帕拉，生活見聞自然與盧旺達的小村落有分別。

在兩家公司我都主要做市場營銷的工作，也

同事在盧旺達的小村莊散步。

包括市場調查和數據分析等等，所以大致工作模式相似：有需要在辦公室使用電腦的時候，但一個月也有一兩次需要到村落裏實地探訪。

我在盧旺達那時的工作故事，令身邊朋友最感到驚訝的，通常是「在非洲工作也那麼辛苦？」也許大家都以為非洲人生活步伐緩慢，我在那邊工作的話也可以脫離香港的那種令人窒息的步伐。可是我當時那機構是美國人開辦的，連招聘回來的本地員工或者其他非洲員工，也完全融入了那種很有幹勁的美式工作文化，所以工作起來一點不敢怠慢。話說我到後期其實也有一大部分原因是因為工作壓力太大，我認為沒辦法長時間在這間公司待下去，所以離開的。

我在烏干達這間機構的工作文化就相對地很「非洲」了。同事們的工作步伐緩慢，大家都似乎帶着愛理不理的態度。做好自己的工作部分交給同事後，如果不緊張地每隔一兩天就檢查一下進度，一個專案可以拖延好幾個星期才實行。烏干達人不喜歡說「不」，不夠膽傳遞壞消息，有時候是真的不明白又不敢說。所以我如果不夠敏感，聽不懂弦外之音的話，就很難在發生困難或者錯誤時準確地理解狀況。和烏干達人溝通可真是一門特別棘手的藝術呢！

但他們也並非完全不能加速做事效率。有時候真的十萬火急的話，他們也總有自己的方法可以準時解決問題。另一個我很不喜歡卻又懂得利用的工作手段，就是他們對上級那種幾乎無條件的服從和恐懼。如果我遇上和我同職級的同事不願意做某件事時，我就會（在確保老闆也認同的情況之下）在同事面前有意無意提及「老闆也正有此意」這句說話，向同事施加壓力。這種低級的職場伎倆我平時是不會用的，但在烏干達以及這家公司實在是一個非常有效解決問題的方法。

雖然在財政資源和複雜程度上有分別，但在盧旺達和烏干達這兩間公司都傾向善用科技來幫助公司運作。盧旺達那所大機構有着相對完善的數據資料庫，公司所有人都用

Google suite，到後期我即將離開前公司也開始使用 Power BI 這個數據分析的平台。烏干達那公司在科技上還算是基本步，很多同事停留在用原子筆在紙張上隨便畫寫的年代，要我和我的外國人上司鼓勵和督促大家用 Excel 或者 Google sheet 來處理和記錄繁複的數據。不過到後來因為疫情而大家都在家工作時，我們和全球所有人一樣都是用 zoom 來作視像會議的，也開始使用 Slack 作內部溝通。在私人機構以外，盧旺達與烏干達的政府部門也很新潮，官方的最新溝通和指引通常都是透過 Twitter 來傳遞的，只有很重要和很長篇大論的事情才還會傳統地用記者會發布。

如果大家認真考慮過及衡量過各種可能性後，決定要去非洲闖一闖的話，我當然非常鼓勵。這一篇文章內的分享只是冰山一角，但到非洲工作的過來人大有人在。所以大家只要多上網做資料搜尋，多留意與非洲有關的專業和社交網絡，總會找到適合自己的機會的。重要的是，到非洲工作和找其他工作一樣的，都需要大家認真地做許多準備，嚴謹地通過招聘的遴選和考核。

有時別人認為我很有冒險精神，很勇敢地活出自己想要的生活，但生活或者冒險有很多種模式啊，例如可以自己創業，而不是像我這樣繼續為別人的機構打工；可以是戰地記者為世人記錄歷史的真相，而不是像我這樣安逸地坐在盧旺達的村落裏欣賞日落和晚霞。所以說，我們每個人都可以用自己的方法去體驗和找出更精彩的生命旅程，而我只是剛好選擇了去非洲工作而已。

我在非洲忘了時間

盧旺達鄉村生活日誌

朱芷均 Lafelle 著

責任編輯　朱嘉敏
裝幀設計　劉婉婷
排　　版　時　潔
印　　務　劉漢舉

出　　版
非凡出版
香港北角英皇道 499 號北角工業大廈 1 樓 B
電話：(852) 2137 2338　傳真：(852) 2713 8202
電子郵件：info@chunghwabook.com.hk
網址：http://www.chunghwabook.com.hk

發　　行
香港聯合書刊物流有限公司
香港新界荃灣德士古道 220-248 號
荃灣工業中心 16 樓
電話：(852) 2150 2100　傳真：(852) 2407 3062
電子郵件：info@suplogistics.com.hk

印　　刷
美雅印刷製本有限公司
香港觀塘榮業街 6 號海濱工業大廈 4 樓 A 室

版　　次
2021 年 7 月初版

規　　格
32 開（210mm X 150mm）

ISBN
978-988-8759-36-1

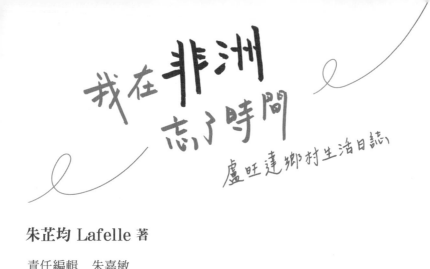